29,90

ACCESO GRATIS a la Lectura en la Nube

Para visualizar el libro electrónico en la nube de lectura envíe junto a su nombre y apellidos una fotografía del código de barras situado en la contraportada del libro y otra del ticket de compra a la dirección:

ebooktirant@tirant.com

En un máximo de 72 horas laborables le enviaremos el código de acceso con sus instrucciones.

EL CONTINUO DE LAS (CIBER)VIOLENCIAS SEXUALES Y DE GÉNERO CONTRA LAS MUJERES

EL CONTINUO DE LAS (CIBER) VIOLENCIAS SEXUALES Y DE GÉNERO CONTRA LAS MUJERES

YOLANDA RODRÍGUEZ CASTRO
ROSANA MARTÍNEZ ROMÁN
MARÍA LAMEIRAS FERNÁNDEZ
Coordinadoras

tirant lo blanch
Valencia, 2025

En caso de erratas y actualizaciones, la Editorial Tirant lo Blanch publicará la pertinente corrección en la página web www.tirant.com.

La presente obra ha sido sometida a la revisión de pares ciegos según el protocolo de publicación de la editorial a efectos de ofrecer el rigor y calidad correspondiente tanto en su contenido como en su forma, aplicándose los criterios específicos aprobados por la Comisión Nacional E 016 (BOE num. 286, de 26 de noviembre de 2016).

Este libro fue financiado con Ayudas del Programa de Consolidación y estructuración de unidades de investigación competitivas (2023), la modalidad de Grupos de Potencial Crecimiento Ref. ED431B2023/21 del Sistema Universitario de Galicia (Xunta de Galicia) obtenidas por el Grupo de investigación PT1 «Salud, Sexualidad y Género» de la Universidad de Vigo.

© TIRANT LO BLANCH
EDITA: TIRANT LO BLANCH
C/ Artes Gráficas, 14 - 46010 - Valencia
TELFS.: 96/361 00 48 - 50
FAX: 96/369 41 51
Email: tlb@tirant.com
www.tirant.com
Librería virtual: www.tirant.es
DEPÓSITO LEGAL: V-4495-2025
ISBN: 979-13-7021-525-5
MAQUETA: Disset Ediciones

Si tiene alguna queja o sugerencia, envíenos un mail a: *atencioncliente@tirant.com.* En caso de no ser atendida su sugerencia, por favor, lea en *www.tirant.net/index.php/empresa/politicas-de-empresa* nuestro procedimiento de quejas.

Responsabilidad Social Corporativa: http://www.tirant.net/Docs/RSCTirant.pdf

Índice

Prólogo

La violencia de género y sexual es un problema global que afecta a millones de niñas y mujeres en todo el mundo, y que se manifiesta en múltiples formas a lo largo de su vida. La violencia hacia las mujeres, respaldada por décadas de investigación feminista y por una amplia evidencia empírica, alude a un fenómeno que no se puede entender como casos individuales, aislados o nuevos, sino cómo expresiones estructurales de un sistema patriarcal que se adapta y se reproduce en lo íntimo y en lo público, en lo presencial y en lo virtual. En la era digital, las violencias hacia las niñas y mujeres no solo persisten, sino que amplifican y diversifican sus comportamientos de violencia para seguir reproduciendo los patrones históricos de poder, dominación, y adquiriendo características específicas en el entorno virtual como el anonimato, impunidad, y una lógica algorítmica que incrementa los discursos sexistas y misóginos. De esta forma, las ciberviolencias sexuales y de género se han consolidado como una problemática urgente, dinámica, continua, compleja e insuficientemente abordada desde los marcos institucionales y jurídicos.

En este libro partimos del concepto del "continuo de las violencias", acuñado por Liz Kelly en 1988, para explicar las interrelaciones entre las diferentes experiencias de violencia que sufren las niñas y mujeres a lo largo de su vida, y que en muchos casos no son hechos aislados sino un continuo de múltiples violencias. Tal y como manifiesta Kelly (1988) "la violencia existe en la vida de la mayoría de las mujeres, aunque la forma que adopta y la forma en que las mujeres la definen varía" (p. 48). Estas experiencias de violencia sexual son prácticas de poder que el sistema patriarcal otorga a los hombres (Kelly, 1988), y que funcionan para recordar a las mujeres su condición de subordinación y desigualdad, mientras mantienen y perpetúan la dominación y el privilegio masculino (Boyle, 2019). De modo que, las mujeres son las principales víctimas debido a que la violencia sexual, como instrumento del patriarcado, vincula la masculinidad a los rasgos y roles más instrumentales, incluyendo la agresión, el control y el dominio sexual (Segato, 2003), sometiendo así a las mujeres mediante la utilización de sus cuerpos y de su sexualidad (Rodríguez-Castro et al., 2019).

En este contexto nace la presente obra titulada *El continuo de las (ciber)violencias sexuales y de género contra las mujeres* estructurada en diez capítulos que abordan diferentes manifestaciones de violencia hacia las mujeres desde una perspectiva feminista, crítica, y desde un enfoque interdisciplinar, que articula un análisis riguroso que combina teoría, evidencia empírica, estrategias y propuestas de prevención e intervención. Cada contribución aporta una pieza valiosa al complejo rompecabezas de las (ciber)violencias hacia las niñas y mujeres, permitiendo comprender la magnitud, su alcance, sus mecanismos y sus consecuencias, y proponiendo acciones educativas para la prevención e intervención, para la regulación tecnológica, y para la transformación sociocultural.

El primer capítulo de esta obra se titula *La pornificación de la cultura en el universo digital,* y aborda cómo la cultura digital ha normalizado la cosificación del cuerpo femenino a través de la difusión masiva de imaginarios pornográficos. A partir del concepto de pornificación, se analiza la convergencia entre capitalismo, patriarcado y neoliberalismo en la construcción de una sexualidad normativa que invisibiliza la violencia estructural contra las mujeres.

En el segundo capítulo, *La misoginia 2.0: poder, género y tecnología digital,* se analiza cómo el papel de las plataformas digitales, los algoritmos y las arquitecturas tecnológicas en la reproducción de discursos sexistas y en la configuración de un orden social desigual.

El tercer capítulo, *De la imagen al ataque: acoso y abuso sexual en el entorno digital,* analiza los nuevos fenómenos del acoso y abuso sexual basado en imágenes como comportamientos normalizados en el colectivo adolescente para establecer relaciones socioafectivas. Se promueve desde la educación afectivo-sexual estrategias de prevención e intervención para fomentar relaciones igualitarias y libres de violencia.

El cuarto capítulo, *Violencia sexual basada en la imagen: manifestaciones, consecuencias y prevalencia en la adolescencia*, profundiza en las distintas formas de violencia sexual digital entre el colectivo adolescente, sistematizando sus manifestaciones, consecuencias psicosociales y recomendando líneas de intervención educativa.

El quinto capítulo, *Sexting entre adolescentes: prevalencia, implicaciones y prevención*, analiza el fenómeno del sexting entre adolescentes, sus motivaciones, riesgos y consecuencias, desde una perspectiva crítica que cuestiona la normalización de estas prácticas entre los/as jóvenes y sus vínculos con la hipersexualización, el doble estándar de género y la violencia simbólica.

El sexto capítulo, *Revisión sistemática de los impactos de la pornografía en la adolescencia*, presenta una revisión de investigaciones sobre el impacto del consumo de la pornografía en la adolescencia, destacando sus efectos sobre la salud sexual, la empatía, la percepción del cuerpo, la conducta sexual y las relaciones interpersonales, también se advierte la necesidad de incorporar intervenciones educativas en el sistema educativo.

El séptimo capítulo, *Sugardating no es prostitución, ¿o sí?*, aborda el fenómeno del sugardating como una forma contemporánea de prostitución, analizando sus vínculos con la trata, la explotación sexual y la romantización del sistema porno-prostitucional.

El octavo capítulo, *Violencia en mujeres mayores, una realidad a menudo invisibilizada*, se recoge un análisis teórico sobre la violencia en mujeres mayores, visibilizando una problemática históricamente silenciada, analizando los factores estructurales que contribuyen a su invisibilización, y proponiéndose una revisión crítica de las políticas públicas y los marcos normativos.

El noveno capítulo, *Los servicios sociales para mujeres mayores de 65 años víctimas de violencia de género*, profundiza en las dificultades, barreras y necesidades de los servicios sociales para atender a mujeres mayores de 65 años víctimas de violencia de género, destacando la necesidad de una respuesta institucional integral y específica.

El décimo y último capítulo, *Factores psicosociales de la violencia de género: el papel de la personalidad oscura y la desconexión moral*, analiza los factores psicosociales asociados a la perpetración de la violencia de género, como los rasgos de la personalidad oscura (narcisismo, maquiavelismo, psicopatía) y los mecanismos de la desconexión moral, para concluir destacando la relevancia de incluir estos factores psicosociales en el diseño de estrategias preventivas y de intervención en situaciones de violencia de género.

Esta obra esté dirigida tanto a la comunidad académica, investigadoras/es, profesionales, activistas y responsables de políticas públicas, así como a toda la ciudadanía comprometida en la construcción de una sociedad -analógica y digital- feminista, igualitaria y libre de cualquier manifestación de violencia.

Este libro pretende visibilizar las violencias a lo largo de la vida de las niñas y mujeres y desnaturalizar los discursos que las legitiman, proponiendo marcos conceptuales y estrategias para su prevención y erradicación, tanto en el contexto público, privado, offline como online. En un momento histórico marcado por la expansión de las tecnologías digitales e internet, que influyen en nuestras relaciones interpersonales, por el auge de discursos antifeministas y por la persistencia de desigualdades estructurales, se hace fundamental reflexionar sobre las nuevas manifestaciones de la (ciber)violencia contra niñas y mujeres. Este fenómeno, aunque adopta nuevas formas, sigue profundamente arraigado en las lógicas patriarcales que estructuran nuestras sociedades. En este sentido, la presente obra propone una reflexión crítica sobre cómo las violencias contra las mujeres, lejos de desaparecer, se adaptan a los nuevos contextos históricos, tecnológicos y culturales, manteniendo como núcleo común la desigualdad de género inscrita en el sistema patriarcal. Así, este libro pretende fortalecer el pensamiento crítico, aportar evidencia científica para nutrir las políticas públicas y ofrecer herramientas para la prevención, la intervención y la transformación social desde una perspectiva feminista e igualitaria. En definitiva, esta obra, invita a toda la ciudadanía a comprometerse en la construcción de una sociedad -tanto analógica como digital- en la que todas las niñas y mujeres puedan vivir libres de cualquier manifestación de (ciber)violencia.

Capítulo 1

La pornificación de la cultura en el universo digital

M. ISABEL MENÉNDEZ MENÉNDEZ
Universidad de Burgos

1. INTRODUCCIÓN

La cultura digital contemporánea ha incorporado y magnificado una representación que antes se había desarrollado en otros soportes de cultura popular y en los medios de comunicación. En particular, el cuerpo femenino se exhibe para responder a una mirada social que ha normalizado su disponibilidad, a pesar de responder a un concepto problemático como es la "mirada masculina" (Berger, 1972; Mulvey, 1975). La normalización de estas representaciones deriva en sociedades "pornificadas" (Favaro y De Miguel, 2016; Alario, 2018, Menéndez, 2021), donde existe tolerancia hacia la cosificación de las mujeres y permisividad respecto del discurso de la pornografía, todo ello en el interior del neoliberalismo que asimila las lógicas de exposición con la libertad individual. Así, y de acuerdo con Ana de Miguel (2020) la pornografía se está imponiendo como la sexualidad normativa, dejando en la oscuridad la desigual relación entre los sexos y la violencia intrínseca. Estos imaginarios, advierte Rosa Cobo, "se inscriben en un nuevo clima moral que entremezcla capitalismo y patriarcado al servicio de los intereses de ambos sistemas de poder" (Cobo, 2020, p. 134).

El resultado es que el imaginario pornográfico ha legitimado "la construcción cultural contemporánea de la sexualidad" (Esquirol, 2017, p. 78). Femenías y Rossi (2009, p. 53) describen cómo se inscribe en los cuerpos un único mensaje que abunda en la idea foutcaltiana de "cuerpo disciplinado". En este contexto, los cuerpos desnudos de las mujeres se convierten en un relato naturalizado, en el que ya no es percibido el origen espurio (la pornografía), tampoco la idea de obligatoriedad, y desde el que se propone un único modelo, no ya de éxito, sino de simple existencia.

El pensamiento crítico ha elaborado el concepto de "pornificación" (o "pornograficación") para explicar el fenómeno. Se trata de un concepto sociocultural que se refiere a la creciente presencia y normalización de imágenes, actitudes y comportamientos sexualmente explícitos en diversos ámbitos de la vida cotidiana, en los medios de comunicación y en la cultura popular. Este fenómeno implica que elementos que anteriormente se consideraban exclusivamente parte de la pornografía se integran en la moda, la publicidad, la música, el cine, las redes sociales y otros medios, alterando la percepción y las expectativas sobre la sexualidad y el cuerpo humano. Estos conceptos relatan la transformación que está operando en la cultura, transformada por industrias cada vez más influyentes, capaces de situar sus estéticas, narrativas y valores en lo cotidiano, "reconfigurando las sensibilidades, subjetividades y prácticas sexuales" (Favaro y De Miguel, 2016, p. 8).

La pornificación puede analizarse desde diferentes perspectivas. Desde el punto de vista cultural y mediático, se refiere a cómo los medios de comunicación y la cultura popular adoptan y difunden imágenes y comportamientos sexualizados, normalizándolos y haciéndolos omnipresentes. Los ejemplos más recurrentes se encuentran en los videoclips musicales con coreografías explícitas, la publicidad con contenido sexual sugestivo, o la moda que adopta estéticas provocativas. Por otro lado, la perspectiva psicológica y social desvela que la exposición a contenidos sexualizados puede afectar la percepción sobre el cuerpo y la sexualidad, especialmente en jóvenes, influyendo tanto en las expectativas y comportamientos sexuales como en la autoestima. En un tercer plano hay que atender a la cuestión de poder y género: la pornificación reproduce y refuerza dinámicas desiguales, presentando a las mujeres como objetos sexuales y perpetuando la idea de que el valor de una persona debe medirse en términos de atractivo sexual. Finalmente, existe una dimensión económica, pues la sexualización se utiliza como estrategia de mercado para vender productos y servicios. Estas reflexiones han proporcionado un marco epistémico para entender el impacto de la pornificación en diversos aspectos de la sociedad y la cultura, como la representación de género, la democratización del deseo, la afectividad o las políticas sexuales en la era digital (Menéndez, 2025).

2. ALGUNAS CUESTIONES TEÓRICAS

2.1. La violencia simbólica.

La violencia simbólica es un concepto central en la obra del sociólogo francés Pierre Bourdieu. Se refiere a una forma de poder que no se ejerce de manera física, sino a través de símbolos, significados, normas y valores que son aceptados y percibidos como "naturales" por las personas, a menudo sin que estas se den cuenta de que están siendo sometidas a un proceso de dominación. Este tipo de violencia se produce, en primer lugar, mediante la imposición de categorías de percepción: los grupos dominantes en una sociedad imponen sus propios criterios sobre lo que es válido, adecuado o legítimo. En segundo lugar, se naturaliza la dominación: lo que se establece como "legítimo" y "normal" se internaliza tanto por quienes dominan como por quienes sufren esa dominación. Finalmente, consolida la reproducción de desigualdades: el proceso de naturalización permite que las desigualdades sociales no sean cuestionadas, ya que las personas subordinadas aceptan los valores, normas y creencias que las colocan en una posición de desventaja.

Bourdieu aplicó este concepto a las mujeres en *La dominación masculina* (1998), donde analiza cómo las estructuras sociales y culturales reproducen la subordinación femenina de manera no siempre consciente. Argumenta que la violencia simbólica contra las mujeres se perpetúa a través de los *hábitus* (esquemas de percepción y comportamiento interiorizados) y de las estructuras sociales que naturalizan la desigualdad. Como consecuencia, se legitima la desigualdad pues las normas no se perciben como opresivas al formar parte de la socialización. Aunque es la obra de Bourdieu la más citada respecto del término, muchas feministas han trabajado sobre la materia, especialmente en cuanto a la construcción de las identidades de género y las relaciones de poder.

Habitualmente no emplearon el vocablo específico (como sí hizo Bourdieu), pero autoras como Simone de Beauvoir ya en *El segundo sexo,* publicado en 1949, habían analizado cómo las estructuras simbólicas que afectan a las mujeres constituyen una forma de violencia. Desde el feminismo negro, Angela Davis abordó la temática en *Mujeres, raza y clase* (1981), donde analizaba cómo las estructuras de opresión intersectan, generando formas de violencia simbólica que afectan especialmente a las mujeres racializadas. En *La libertad es una batalla constante* (2015) discute cómo los medios de comunicación, el sistema penitenciario y la cultura dominante perpetúan narrativas que justifican la desigualdad y la opresión, lo cual puede entenderse dentro del marco de la violencia simbólica.

En el contexto iberoamericano, Marcela Lagarde en *Los cautiverios de las mujeres* (1993), describe cómo la violencia simbólica actúa en la vida cotidiana de las mujeres, naturalizando su subordinación en ámbitos como el hogar, el trabajo y la política. Por su parte, Rita Laura Segato en *La guerra contra las mujeres* (2016) analiza cómo la violencia simbólica es parte de un sistema más amplio de dominación patriarcal que se expresa en la cultura, el lenguaje y la violencia física. Así, la autora vincula la violencia simbólica con el feminicidio y otras formas extremas de violencia de género.

Las diversas autoras, desde distintas perspectivas (feminista, sociológica, política), han hecho aportes al análisis de la violencia simbólica y sus implicaciones para la comprensión de las estructuras de poder y desigualdad en la sociedad.

2.2. La mirada masculina.

En *Modos de ver* (1972), John Berger analizaba cómo la mirada masculina ha condicionado la representación de las mujeres en el arte y la cultura visual. Su argumento principal es que, históricamente, las mujeres han sido objeto de esta mirada en la pintura, la publicidad y los medios de comunicación. El punto clave de su análisis se puede concretar en la frase: "Las mujeres son vistas, los hombres miran". El autor explica que, en el arte europeo tradicional, las mujeres no solo son representadas, sino que son construidas para ser observadas. Esto quiere decir que su valor en la imagen no está en lo que hacen, sino en cómo se presentan para la mirada del espectador (interpretado como masculino). Como consecuencia, las mujeres aprenden a verse a sí mismas como los hombres las ven. Se convierten en espectadoras de su propia imagen, evaluándose constantemente desde una perspectiva externa.

Otra cuestión sobre la que reflexiona Berger es la diferencia entre desnudez y desnudo: distingue entre estar desnuda (estado natural) y "ser" un desnudo (representación creada para el placer visual masculino). Por ejemplo, en la pintura renacentista, las mujeres desnudas aparecen pasivas, conscientes de ser observadas, reforzando su rol como objeto de deseo. Hoy, estos códigos se perpetúan en discursos como el publicitario. Las imágenes de mujeres siguen diseñadas para el consumo visual masculino. De esta manera, la publicidad vende no solo productos o servicios, sino también una idea de feminidad basada en la autovigilancia y la seducción. En síntesis, Berger revela cómo la representación visual ha reforzado la desigualdad de género y la cosificación de las mujeres. Su análisis sigue siendo clave para comprender la influencia de la cultura visual en la percepción del cuerpo femenino hoy.

De forma similar, pero refiriéndose al análisis fílmico, la teórica británica Laura Mulvey desarrolla la idea de la *male gaze* y cómo el cine clásico (en particular el cine de Hollywood) reproduce y refuerza las jerarquías de género, con un enfoque específico en la objetivación de las mujeres que se puede definir como violencia simbólica. Aunque el concepto de Pierre Bourdieu no es la base de su trabajo (cuyo enfoque es psicoanalítico), las ideas de Mulvey se pueden leer en relación con esta noción, ya que ella aborda cómo las representaciones cinematográficas funcionan como formas de poder simbólico y cómo afectan a la percepción social de las mujeres y sus roles en la cultura.

Mulvey argumenta que el cine clásico está estructurado desde la perspectiva de un sujeto varón que mira y controla, y esa mirada se articula mediante tres niveles. En primer lugar, la mirada del personaje masculino (intradiegética): ellos son los sujetos activos, mientras que las mujeres son objeto de deseo, representadas con el propósito principal de satisfacer las necesidades visuales y eróticas del espectador masculino. En segundo lugar, la mirada del espectador (extradiegética): los cineastas crean una identificación con los personajes masculinos, de modo que el espectador (independientemente de su sexo) asume una posición de "mirada masculina". Este es un proceso que convierte a la mujer en objeto pasivo de contemplación, mientras que el hombre es el agente activo. Finalmente, la mirada del director/cineasta (casi siempre varón) toma decisiones sobre cómo se representan los cuerpos femeninos en la pantalla.

3. PROBLEMATIZAR EL CUERPO

3.1. El canon estético desde el feminismo.

Las feministas problematizaron muy pronto el canon estético como una forma de violencia simbólica. Fue famosa la protesta al concurso de belleza Miss América de 1968, en el paseo marítimo de Atlantic City, organizada por el grupo New York Radical Women y que tuvo como acto simbólico la instalación del "Cubo de basura de la libertad" (*Freedom Trash Can*). Protestaban contra lo que llamaron "el degradante símbolo de mujer imbécil con tetas" y las normas de belleza de la sociedad. Al tiempo que coronaban a una oveja viva, comparando el concurso de belleza con las competiciones de ganado en las ferias, el cubo de basura representaba la "quema" simbólica de la feminidad normativa. Arrojaron productos como fregonas, ollas y sartenes, ejemplares de las revistas *Cosmopolitan* y *Playboy*, pestañas postizas, zapatos de tacón, corsés y sujetadores, denominándolos como "instrumentos de tortura femenina", al considerarlos parte de una feminidad opresiva.

Publicado en 1990, *El mito de la belleza* de Naomi Wolf se convertirá en una obra clave. La autora examina cómo la industria de la belleza y las normas sociales son utilizadas como herramientas para mantener el control sobre las mujeres, limitando su autonomía y poder. La belleza es una construcción social impuesta por las industrias de la moda, la cosmética y los medios de comunicación. A través de la historia, argumenta, lo que se considera "hermoso" ha cambiado, pero siempre ha servido para crear un estándar inalcanzable que coloca a las mujeres en una posición de vulnerabilidad. La belleza es, entonces, un medio de control: en lugar de centrarse en sus capacidades intelectuales, políticas o profesionales, las mujeres son socializadas para creer que su valor principal reside en su apariencia física.

Esta obsesión con la apariencia física tiene un impacto negativo en las mujeres, desviando su atención de aspectos importantes como la carrera profesional, la política, la educación o el activismo. Asimismo, acarrea daños psicológicos: la presión por cumplir con los estándares se convierte en un factor de ansiedad, inseguridad y frustración. No solo genera trastornos como la anorexia o la bulimia, sino que contribuye a una sensación de desgaste emocional y psicológico en las mujeres. Es por ello que el mito de la belleza opera como una violencia simbólica.

La periodista y ensayista Mona Chollet, continuando la tradición que comenzó Naomi Wolf décadas antes, analiza en *Belleza fatal* (2012) cómo la industria de la belleza impone estándares inalcanzables a las mujeres, generando alienación y sufrimiento. Su tesis principal, como antes había argumentado Wolf, es que el culto a la belleza no es una simple cuestión de estética, sino un mecanismo de control social que refuerza la desigualdad de género. Chollet observa un influjo cada vez mayor de la publicidad y el consumo en la esfera cultural, imponiendo una lógica apoyada en la dimensión estética y con una tendencia nostálgica: regresar a una clara distribución de los roles sexuales. La publicidad y los medios refuerzan la fragilidad de la autoestima femenina para que consuman productos de belleza. Considera que la industria de la moda y la cosmética son cómplices del patriarcado y desvela cómo lo que se publicita como una forma de poder, en realidad refuerza la dependencia de las mujeres hacia la mirada externa. En conclusión, la obsesión con la belleza es una forma de alienación que distrae a las mujeres de otras luchas y aspiraciones.

3.2. El postfeminismo y la desarticulación crítica.

Catherine Hakim (2011) teoriza sobre lo que denomina "capital erótico" a partir de la teoría de los tres capitales de Bourdieu (económico, social y cultural) que estructuran las relaciones de poder. El origen de su propuesta es un trabajo de investigación que demostraba que las personas atractivas conseguían mejores resultados en el mundo laboral. Para ella, la belleza es un activo como cualquier otro y sugiere que está al alcance de todo el mundo, que es posible "cultivarlo" e "invertir" en él. Todas las personas, hombres y mujeres, tienen o pueden tener este capital erótico. Hakim critica que la sociedad haya fomentado la idea de que la belleza y la atracción son aspectos superficiales, por oposición a aspectos más profundos como la inteligencia.

Como he escrito en otro lugar (Menéndez, 2015), Hakim carga contra toda una línea de tradición feminista que, como hemos visto en el epígrafe anterior, había conceptualizado el ideal de belleza como una estructura opresiva. Hakim asegura que las mujeres están en condiciones de aprovecharse en mayor medida del capital erótico porque son menos sensibles al capital erótico masculino que los hombres al femenino, por lo que su posición para negociar es más fuerte que la de los varones. El discurso abunda en la instrumentalización del cuerpo femenino en un modelo neoliberal y postfeminista, además de utilizar ideas esencialistas de difícil encaje con el feminismo.

La propuesta de Hakim abona las tesis postfeministas que, apropiándose de los conceptos feministas, es capaz de legitimar la introducción del cuerpo femenino en el mercado. El feminismo y sus logros se demonizan desde mensajes que los consideran mojigatos, revanchistas… para imponer la biopolítica del siglo XXI en nombre de la libertad. El patriarcado, ahora de la mano de lógicas capitalistas, refuerza aquello contra lo que el feminismo ha luchado históricamente: que la anatomía sea destino. La conversión de las mujeres en mercenarias de sí mismas, algo que Hakim propone literalmente, se extiende a todo el cuerpo y ello incluye la sexualidad y por tanto la prostitución, pero también la fertilidad. La industria de la explotación sexual, antes nociva, ahora se considera el paradigma de la adquisición de libertades que reclamaba el feminismo, pervirtiendo la propia idea de "empoderamiento".

En este contexto debe entenderse la pregunta que se hace la pensadora feminista Susan Bordo en *Peso insoportable: feminismo, cultura occidental y cuerpo* (1993): ¿por qué puede parecer encantador vestir a las niñas pequeñas como prostitutas? Bordo analiza cómo la cultura occidental impone normas rígidas sobre el cuerpo, afectando la salud, la identidad y la autonomía de las mujeres. Parte de la definición del cuerpo femenino como "campo de batalla": espacio de control social, disciplinado a través de la dieta, el ejercicio, la moda y la cirugía estética. La cultura refuerza la idea de que un cuerpo "ideal" es sinónimo de valor y éxito para las mujeres. Las mujeres internalizan estas expectativas y buscan moldearse para encajar en ellas. La autora propone rechazar la autovigilancia extrema y buscar formas de relacionarse con el cuerpo desde la aceptación y el placer, en lugar de la disciplina y el castigo. Como el resto de autoras citadas antes, argumenta que la lucha por el control del cuerpo femenino no es solo personal, sino política. La presión social por la delgadez y la perfección refuerza la desigualdad de género, desviando la energía de las mujeres hacia la conformidad en lugar de la transformación social.

4. LA FANTASÍA PORNOGRÁFICA EN EL SIGLO XXI

4.1. La "industrialización" de la pornografía como origen

La cultura popular ha construido un imaginario a partir del porno (llamado en la literatura "pornificación" o "pornografi-cación" cultural) que convierte en atractivas las prácticas de la industria de la explotación sexual. La cultura hipersexual redefine el empoderamiento y la autonomía de las mujeres; coquetea con ideas como "lo prohibido", sugiriendo libertad, autonomía y transgresión. En la actualidad, las redes sociales han ocupado el espacio que antes protagonizaban los medios de comunicación y, desde allí, se perpetúa este imaginario ritualizado según códigos pornográficos. De acuerdo con Walter, que sigue el pensamiento de autoras como Wolf (199o) o Greer (2000), el éxito femenino opera "dentro del reducido marco del atractivo sexual" (Walter, 2010, p. 23).

Hay que considerar su origen en un proceso que podríamos denominar "industrialización de la pornografía": hasta mediados del siglo XX, la pornografía había utilizado soportes variados (desde postales hasta revistas, cine o literatura), pero no había sido un producto de masas al alcance de toda la población. Con el nacimiento de revistas como *Playboy*, la realidad cambia. Estas cabeceras, no solo se convierten en productos de difusión masiva, sino que el protagonismo de la imagen en estas publicaciones va a construir un nuevo canon estético cuyo principal elemento es el cuerpo femenino hipersexualizado.

Playboy aparece en Chicago en 1953, de la mano del multimillonario estadounidense Hugh Hefner, con una portada protagonizada por la actriz Marilyn Monroe. En sus páginas se mezclan el sexo, la política y el periodismo de investigación (Ramallo, 2017, p. 202). Fue un símbolo de cambio, desde una pornografía restringida y oculta, con frecuencia clandestina, a otra visible y masiva. Normalizará un tipo de *vouyerismo* centrado en la contemplación visual de cuerpos femeninos desnudos (Otxoteko, 2017, p. 18). La mirada propuesta es masculina y heterosexual, definida como "una filosofía, una forma de vivir" pues su objetivo es desencadenar la "liberación sexual masculina", rescatando a los varones de los corsés del matrimonio y la monogamia (Preciado, 2012, p. 33).

Desde el punto de vista de la imagen, consolida convenciones eróticas como el hiperrealismo fisiológico, pródigo en primeros planos de detalle y se construye mayoritariamente a partir de la horizontalidad corporal (Otxoteko, 2017, p. 20). Así, sigue la tradición de la Historia del Arte que, como había explicado Berger, reproducía a las mujeres casi siempre tumbadas, a diferencia de los varones que solo aparecen recostados de manera excepcional. Las imágenes femeninas de estas páginas satinadas no tienen defecto alguno y se convierten en el anzuelo para vender tanto la revista como el resto de objetos de consumo de la empresa, muy popular por sus imágenes de "conejitas". Las décadas siguientes asistirían a la hiperpresencia de la pornografía, gracias al impulso del mundo digital, una pornografía cada vez más violenta y deshumanizadora, hoy hegemónica e inspiradora de casi todos los discursos audiovisuales. Se trata de la "pornificación cultural" que se ha convertido en canon estético en las industrias culturales (Menéndez, 2021, p. 110).

4.2. La pornificación cultural como resultado

Cuando define el concepto de "pornograficación", Brian McNair (1996) intenta dar respuesta a cómo se ha naturalizado este imaginario en las industrias culturales, abandonando su carácter marginal. Podemos leer la pornograficación como "la apertura libre, liberada y transgresora de las industrias culturales a la cultura de la pornografía, y entender el proceso como sinónimo o síntoma de democratización sexual" (Esquirol, 2017, p. 80). McNair (2002), más tarde acuña la noción "pornochic" para explicar el consumo masivo de un porno reinterpretado desde convenciones más elegantes y sofisticadas. Se trata de una relación que, más allá de la apropiación e instrumentalización del imaginario, recorre transversalmente toda la industria que establece alianzas entre productoras de pornografía y otros medios como el musical o las revistas.

En sus obras, McNair analiza cómo la pornografía y la sexualidad son representadas en los medios de comunicación dentro de la cultura postmoderna. Su enfoque es principalmente sociológico y cultural, explorando cómo el sexo mediado influye en la identidad, el deseo y la moral pública. Su idea principal es que la pornografía se ha convertido en un fenómeno cultural y mediático central de la cultura contemporánea.

El autor examina cómo ha evolucionado con el auge de la televisión, el cine y, más tarde, Internet para resultar en la "pornificación" de la cultura: la sexualidad ha sido cada vez más integrada en los medios *mainstream* (publicidad, moda, música, cine), normalizando cierta representación del sexo. También señala que, en la época postmoderna, las normas tradicionales sobre el sexo y la obscenidad han sido desafiadas. La pornografía ya no es solo transgresora, sino que se entrelaza con el arte, la política y la identidad. El texto es capaz de anticiparse a lo que supondría la digitalización y la omnipresencia de Internet que transformaría la producción y el consumo de contenido sexual. En suma, McNair plantea que la pornografía y la sexualidad mediada son parte integral de la cultura contemporánea.

Frente a los discursos posfeministas que argumentan el "empoderamiento" de estas prácticas, no existe transgresión en la descontextualización de la pornografía para integrarla en los circuitos culturales *mainstream*, dado que el resultado es un producto que replica el género tradicional y no altera el contexto preexistente en cuanto a la jerarquía entre los sexos, el poder de los varones o la existencia de violencia contra las mujeres. Que la sexualidad femenina circule como mercancía implica un cambio en la vivencia sobre el sexo, pero sin garantía alguna de "revolución sexual". La sexualidad ocupa más espacio y la intimidad parece retroceder, siempre bajo un valor mercantil de una industria interesada en ampliar los dominios de explotación. Debemos sospechar de propuestas de sexualidad femenina liberada que se identifican con el éxito social; desconfiar de la identificación entre cuerpo femenino desnudo y liberación sexual, porque tras estos argumentos se esconde el individualismo del proyecto neoliberal del que no consta su interés feminista (Menéndez, 2021, p. 116).

Las consecuencias empiezan a diagnosticarse: tomando el relevo de los medios de comunicación tradicionales, el uso masivo de redes sociales las ha convertido en principal fuente de estereotipos. Con su distribución constante de imágenes, están directamente relacionadas con el grado de satisfacción con la imagen corporal y la autoestima, con la vergüenza corporal y los trastornos de la alimentación. Se trata del "descontento normativo" que identifica la literatura. Ahora se rompe con el espacio tradicional que la cultura popular había reservado a las mujeres (hogar y rol de madre de familia), para cultivar la apariencia física y la belleza hipersexualizada. Además, las mujeres son animadas a vivir ese discurso desde ideas de auto-objetivización que proveen placer y se divulgan como el fruto de la autonomía y la capacidad de decisión. Desde discursos elaborados bajo el lema *Love Your Body*, apoyados en un mensaje positivo y de búsqueda de autoconfianza lo que ocurre es que ya no es suficiente con disciplinar el cuerpo, sino que deben incorporar su subjetividad: sentirse bien. En suma, disfrutar de la alienación. Es una manifestación literal de la violencia simbólica.

5. CONCLUSIÓN

La cultura digital actual ha adoptado y amplificado representaciones que anteriormente se desarrollaban en otros medios de la cultura popular y la comunicación. En particular, la exhibición del cuerpo femenino responde a una mirada social que ha normalizado su disponibilidad, pese a estar vinculada a la problemática "mirada masculina", y estar mediada por el imaginario pornográfico, en un proceso que se conoce como "pornificación cultural". Este fenómeno revela la creciente presencia y normalización de imágenes, actitudes y comportamientos sexualmente explícitos en distintos ámbitos de la vida, especialmente a través del universo digital.

Las imágenes hipersexualizadas generan problemas tanto a nivel individual como social, ya que refuerzan estereotipos de género y fomentan una visión reduccionista del cuerpo, especialmente el femenino. En primer lugar, contribuyen a la construcción de estándares de belleza inalcanzables. Además, promueven la idea de que el valor de una persona (particularmente de las mujeres) depende de su atractivo físico y su capacidad de encajar en modelos de deseo impuestos socialmente. Esta presión constante puede afectar la percepción de la propia identidad y limitar el desarrollo de la confianza y el bienestar emocional. A nivel social, la hipersexualización de las imágenes refuerza dinámicas de desigualdad y normaliza la cosificación de los cuerpos, perpetuando relaciones de poder desiguales. En el ámbito digital y mediático, esto se traduce en una mayor exposición a contenidos que presentan a las mujeres como objetos de consumo, lo que puede influir en la manera en que se establecen las relaciones interpersonales y en la reproducción de conductas sexistas.

En las redes sociales, la hipersexualización de las imágenes se intensifica debido a la constante exposición a contenido visual que refuerza estos estándares de belleza y atractivo. Plataformas como Instagram, TikTok o Snapchat favorecen la difusión de imágenes editadas y filtradas que promueven cuerpos idealizados e irreales, lo que contribuye a una presión social aún mayor, especialmente en adolescentes y jóvenes. Además, los algoritmos priorizan este tipo de contenido, amplificando su impacto y consolidando la idea de que la validación social depende de la apariencia y la exposición del cuerpo. Esto no solo afecta la percepción individual, sino que también crea un entorno digital donde la cosificación se normaliza, influyendo en la manera en que las personas interactúan y se relacionan en el espacio virtual y fuera de él.

El pensamiento crítico feminista ha definido la pornificación cultural como una forma de violencia simbólica, señalando sus implicaciones en la comprensión de las estructuras de poder y desigualdad en la sociedad, así como su predominio en la comunicación digital. Siguiendo la línea de las teóricas que cuestionaron los cánones de belleza, el análisis contemporáneo advierte de cómo estos códigos de representación refuerzan un modelo percibido como opresivo, con consecuencias significativas. En la actualidad, este problema se agrava con la hipersexualización de los estándares de belleza y de los códigos de representación, lo que refuerza una visión reduccionista del cuerpo femenino y condiciona la manera en que las mujeres son percibidas y valoradas en la sociedad.

6. REFERENCIAS

Alario, M. (2018). La influencia del imaginario de la pornografía hegemónica en la construcción del deseo sexual masculino prostituyente: un análisis de la demanda de prostitución. *Asparkía: investigació feminista,* 33, 61-79.

Berger, J. (1972). *Ways of Seeing.* Penguin Books.

Bordo, S. (1993). *Unbearable Weight: Feminism, Western Culture, and the Body.*

Bourdieu, P. (1998). *La Domination masculine.* Éditions du Séuil.

Chollet, M. (2012). *Beauté fatal. Les nouveaux visages d'une aliénation feminine.* Zones.

Cobo, R. (2020). *La pornografía. El placer del poder.* Penguin Random House.

Davis, A. (1981). *Women, Race and Class.* Penguin Books.

Davis, A. (2015). *Freedom Is a Constant Struggle.* Haymarket Book.

De Beauvoir, S. (1949). *Le deuxième sexe.* Gallimard.

De Miguel, A. (2020). *Neoliberalismo sexual. El mito de la libre elección.* Cátedra.

Esquirol, M. (2017). 50 Shades of Grey: adiestramiento y pornograficación de clase. *Guerras simbólicas. El papel del audiovisual en la lucha contra la violencia de género* (pp. 77-94). Edicions UIB.

Favaro, L. y De Miguel, A. (2016). ¿Pornografía feminista, pornografía antirracista y pornografía antiglobalización? Para una crítica del proceso de pornificación cultural. *Labrys, Études Féministes/Estudos Feministas,* 29, 1-20.

Femenías, M. L. y Rossi, P. S. (2009). Poder y violencia sobre el cuerpo de las mujeres. *Sociologías,* 11 (21), 42-65.

Greer, G. (1999). *The Whole Woman*. Bantam Books.

Hakim, C. (2011). *Honey Money: The Power of Erotic Capital.* Penguin Books.

Lagarde, M. (1993). *Los cautiverios de las mujeres.* Universidad Nacional Autónoma de México.

McNair, B. (1996). *Mediated Sex: Pornography and Postmodern Culture.* St. Martin's Press.

McNair, B. (2002). *Striptease Culture: Sex, Media and the Democratization of Desire.* Routledge.

Menéndez, I. (2015). Alianzas conceptuales entre patriarcado y postfeminismo: a propósito del Capital Erótico. *Revista Clepsydra,* 13, 45-64. Menéndez, M. I. (2021). Culo prieto, cabeza ausente: una reflexión feminista sobre la pornograficación en las industrias culturales. *Atlánticas. Revista Internacional de Estudios feministas,* 6 (1), 106-135. Universidade da Coruña.

Menéndez, M. I. (2025). Divas y divinas del pop: un reinado entre el postfeminismo y la pornograficación. *La pornografía, un problema social global* (pp. 37-62). Octaedro.

Mulvey, L. (1975). Visual Pleasure and Narrative Cinema. *Screen,* 16 (3), 6-18.

Otxoteko, M. (2017). El otro lado de la imagen. Harun Farocki y el paradigma Playboy. *Asparkía,* 31, 13-28. Universitat Jaume I.

Preciado, B. (2010). *Pornotopía. Arquitectura y sexualidad en Playboy durante la guerra fría.* Anagrama.

Ramallo, M. A. (2017). A dos años de la caída de Playboy. Debates en torno a la industria pornográfica. *Lecciones y ensayos,* 99, 197-211. Segato, R. (2016). *La guerra contra las mujeres.* Traficantes de sueños.

Wolf, N. (1990). *The Beauty Myth: How Images of Beauty Are Used Against Women.* Chatto & Windus

Capítulo 2

Misoginia 2.0: poder, género y tecnología digital

ÁGUEDA GÓMEZ SUÁREZ
Universidade de Vigo

1. INTRODUCCIÓN

La digitalización y la plataformización de las relaciones sociales están generando transformaciones civilizatorias y antropológicas profundas, reconfigurando las formas de sociabilidad humana a partir de la hiperconectividad. Este modelo de organización social mercantiliza las relaciones interpersonales, en un escenario de uberización de los sistemas productivos y de crecimiento de corrientes políticas autoritarias. En consecuencia, se observa una desestructuración progresiva de la experiencia humana que transforma al individuo en un ser cuya existencia se articula a través de la gramática de la experiencia digital (Mazzucato, 2022; Applebaum, 2024; Whittaker, 2025). En este contexto, las corporaciones tecnológicas estadounidenses GAFAM (Google, Amazon, Facebook, Apple y Microsoft) y chinas BATX (Baidu, Alibaba, Tencent y Xiaomi) operan con intereses corporativos en un entorno de competencia feroz que perpetúa el "capitalismo de vigilancia" (Zuboff, 2020).

Durante los primeros años de Internet, existía una expectativa optimista respecto a su capacidad para reconfigurar el contrato social y desafiar normas de género tradicionales (Franco, 2024; proyecto Una, 2019). En la actualidad, las grandes tecnológicas —predominantemente lideradas por una minoría masculina— actúan como *deus in machina* en la definición de lo que es visible o deseable, en la esfera pública digital de la misoginia digital (Penny, 2024; Snyder, 2023; Bates, 2020; Proyecto Una, 2019; Ging &

Siapera, 2018). El *male gaze* digital[1] (Mulvey, 1975), reforzado por las políticas de visibilidad de las plataformas tecnológicas dirigidas en su mayoría por una pequeña élite masculina, determina qué contenidos y narrativas son considerados válidos, limitando la representación femenina e intensificando la manifestación de este "guion patriarcal" en el entorno en línea (Adarsh, 2024; UNESCO, 2024).

Este ecosistema digital está configurando una nueva forma de violencia estructural que vamos a calificar como misoginia 2.0 o misoginia de nueva generación. Este fenómeno se manifiesta como un sistema de violencia que se ejerce a través de las lógicas algorítmicas, el control corporativo de las plataformas y la reconfiguración de la esfera pública digital, donde las mujeres son sistemáticamente vigiladas, expuestas, silenciadas cosificadas o incluso expulsadas de los espacios digitales. Este fenómeno puede entenderse como una forma de "enshittification" —en los términos empleados por Cory Doctorow (2024)— no solo de las plataformas en cuanto a su degradación funcional, sino también de los contenidos y dinámicas sociales que albergan, particularmente en lo que se refiere a la hostilidad sistemática hacia las mujeres.

La misoginia 2.0 va más allá del discurso de odio: constituye una herramienta de control social que erosiona la seguridad de

---

1 El concepto de la mirada masculina o «male gaze», teorizado por Laura Mulvey (1975) para la industria audiovisual, es desarrollado por el escritor John Berger (1972), quien sostiene que: "Todo lo anterior puede resumirse diciendo: los hombres actúan y las mujeres aparecen. Los hombres miran a las mujeres. Las mujeres se contemplan a sí mismas mientras son miradas. Esto determina no sólo la mayoría de las relaciones entre hombres y mujeres sino también la relación de las mujeres consigo mismas. El supervisor que lleva la mujer dentro de sí es masculino: la supervisada es femenina. De este modo se convierte a sí misma en un objeto, y particularmente en un objeto visual, en una visión". La filósofa Remedios Zafra (2021) lo refrenda señalando que este fenómeno genera una vida subalterna para las mujeres, atrapadas en un sistema de control y vigilancia constante sobre sus cuerpos y comportamientos: sujetos masculinos que miran objetos femeninos.

las mujeres, debilita su ciudadanía digital y fortalece las estructuras de poder autoritarias. Las narrativas sexistas, ampliamente difundidas en redes sociales, operan como instrumentos de manipulación política, generando un entorno de miedo, inseguridad y desafección que compromete la salud física, psicológica y social de millones de mujeres[2]. La misoginia digital, por tanto, se conforma como un proceso expansivo y multiforme, que no se limita a episodios aislados de odio, sino que representa una racionalidad estructural del entorno tecnopolítico contemporáneo.

En este sentido, el mundo digital, -que a raíz de la pandemia de COVID-19 se extendió masivamente a todos las dimensiones de la vida-, no solo ha transformado la economía global, sino que propone una nueva dimensión civilizatoria, apuntalando las jerarquías sociales la redefinición de la normatividad femenina y masculina, dentro de un contexto de misoginia digital intensificada, en el que se pretende restringir la presencia de la mujer en la esfera pública digital y su relación con el poder.

Este texto busca comprender los significados culturales y prácticas vinculadas a este nuevo paradigma sociosexual y a la misoginia virtual, mediante un análisis exhaustivo de la literatura científica sobre ciberviolencia machista, brechas de género tecnológicos, sexismo digital, plataformas de la industria sexual y sesgos machistas en IA generativa. Para ello, se examina la misoginia 2.0, forma contemporánea de violencia de género potenciada por las tecnologías digitales, las arquitecturas algorítmicas y las estructuras corporativas, en el contexto de la digitalización generalizada de la vida. Mediante una revisión de la literatura científica, el tex-

---

2 Estudios recientes indican que, aunque el acceso a Internet está asociado con una mayor satisfacción vital, esta relación no se reproduce en el caso de las mujeres jóvenes. Según Vuorre y Przybylski (2024), las mujeres de entre 15 y 24 años muestran niveles de satisfacción vital inferiores al promedio, lo que apunta a un entorno digital hostil y desigual. Este dato refuerza la hipótesis de que no nos encontramos ante un ecosistema neutro, sino ante un espacio estructuralmente asimétrico, donde se consolida un orden sociosexual excluyente y jerárquico.

to profundiza en cómo las lógicas tecnocapitalistas operan de forma interconectada a través de la violencia digital masiva contra las mujeres, la proliferación de contenidos y narrativas sexistas, la subcultura de la manosfera, la monetización de la misoginia en la industria sexual digital y el dominio de una minoría tecnológica masculina, consolidándose como un mecanismo de control social y político hacia las mujeres. Con el fin de comprender el patrón estructural que articula las políticas digitales para favorecer un orden sociosexual virtual desigual, se introduce el concepto de "guion patriarcal" digital.

El contenido de este escrito se organiza en seis secciones principales: primero, se estudia la prevalencia de la violencia contra las mujeres en el entorno digital; seguidamente, se aborda el sexismo en los algoritmos y los contenidos digitales que juegan un papel crucial en la perpetuación de estereotipos de género; posteriormente, se valora el impacto de la industria sexual digital y la "pornocultura", que no solo refuerza estereotipos, sino que tiene un impacto sociocultural duradero, afectando tanto a la percepción de las mujeres como a los comportamientos de los usuarios; a continuación, se analiza el poder masculino en la tecnología y la ontología de las masculinidades hegemónicas en el ecosistema digital; finalmente, se concluye discutiendo la urgente necesidad de políticas digitales con enfoque de género y defendiendo una lectura feminista crítica de las tecnologías y sus consecuencias sociales.

2. VIOLENCIAS MACHISTAS DIGITALES: CARTOGRAFÍAS, NARRATIVAS Y DOMINACIÓN ONLINE

El modelo de negocio de las grandes corporaciones tecnológicas, que prioriza la maximización de interacciones y ganancias, estructura el ecosistema digital de tal manera que este se encuentra permeado por una semiótica sexista omnipresente. Esta situación perpetúa la violencia machista que genera un ambiente digital hostil y adverso para las mujeres, afectando negativamente el ejercicio de sus derechos políticos y de ciudadanía.

Cada día existen más datos disponibles sobre la prevalencia y las diversas formas de violencia en línea, tanto a nivel nacional como internacional. La evidencia empírica apunta a que nos encontramos ante una emergencia mundial debido a la intensidad y persistencia de la violencia digital contra mujeres y niñas (LLYC, 2025).

Según datos de la Internet Watch Foundation (IWF, 2023), una de cada cinco niñas en la Unión Europea es víctima de abuso sexual en línea. Asimismo, se estima que el 60% de las niñas y jóvenes a nivel mundial han sido acosadas cibernéticamente (EIGE, 2022; Plan Internacional, 2020; ONU Mujeres, 2020).

Recientes datos de un estudio de la Fundación Mutua Madrileña en colaboración con el Ministerio del Interior (2024) señala que un 24,2% de niñas, niños y adolescentes ha sido presionado en redes sociales para enviar contenido sexual; un 23,3% sufre algún tipo de espionaje de su pareja, expareja o terceros; un 17,8% dicen haber sido chantajeados para compartir material sexual y un 15,1% ha sufrido el reenvío de contenido íntimo sin su consentimiento y en 12,9% de las veces han usado IA para crear imágenes manipuladas de desnudos sin consentimiento .

En el caso específico de España, el Instituto de las Mujeres (2022) identificó una incidencia alarmante de violencia digital: el 80% de las jóvenes entre 16 y 24 años han sufrido acoso cibernético en redes sociales, como mensajes insistentes, insultos o comentarios vejatorios. Además, el 66% de las mujeres experimentaron acoso afectivo-sexual, con un 56,2% de los mensajes de los agresores de carácter sexual e intimidatorio, mientras que el 34% de las jóvenes reportaron haber sido víctimas de *ciberbulling*, una forma de acoso con consecuencias emocionales graves.

Diversos estudios corroboran que las mujeres, especialmente las jóvenes, son las principales víctimas del acoso en línea. Según un informe de Amnistía Internacional (2018), entre el 63% y el 83% de las mujeres maltratadas tuvieron que modificar su uso de las tecnologías de la información y la comunicación (TIC). En 2018, otro estudio europeo encontró que 1 de cada 4 jóvenes europeos experimentaba situaciones de ciberacoso, y el 87% de las imágenes incautadas de abuso sexual infantil correspondían a niñas (IPU, 2018). En el ámbito de las Naciones Unidas, el informe de la Relatora Especial sobre la Violencia contra la Mujer (REVM-ONU, 2018) señaló que el 23% de las mujeres, adolescentes y niñas había sufrido abuso o acoso en línea al menos una vez en su vida, y que al menos 1 de cada 10 había experimentado ciberviolencia.

En 2017, el Instituto Europeo de la Igualdad de Género (EIGE) elaboró un informe sobre violencia en línea contra mujeres y niñas, que indicaba que 1 de cada 10 agresores sexuales utilizaba sitios de citas para encontrar a sus víctimas. El informe también subrayó que el 37% de las mujeres feministas habían recibido amenazas sexuales a través de internet (EIGE, 2017). Ese mismo año, un estudio realizado por el Pew Research Center en los Estados Unidos concluyó que, aunque tanto hombres como mujeres son víctimas de ciberacoso, existen diferencias notorias en las formas de acoso y sus efectos en las víctimas. El 21% de las mujeres señalaron haber sido acosadas en línea, en comparación con el 9% de los hombres, y el 35% de las mujeres describió el último incidente de acoso virtual como extremadamente o muy molesto, el doble de lo reportado por los hombres (16%).

La Comisión de Banda Ancha de las Naciones Unidas (2015) fue de las primeras en alertar que la violencia de género contra las mujeres y las niñas había alcanzado proporciones pandémicas en internet. Se identificó que el 73% de las mujeres habían experimentado alguna forma de violencia en línea, y que el 61% de los acosadores en línea se identificaban como hombres. En un estudio realizado en 2015 por la Asociación para el Progreso de las Comunicaciones (APC, 2015), se identificó que la mitad de los responsables de violencia digital eran personas previamente conocidas por las mujeres víctimas. En el 29% de los casos de violencia de género, el agresor utilizaba *spyware* o equipos de geolocalización instalados en dispositivos electrónicos de las víctimas. Más tarde, la misma organización documentó en 2020 que los tipos de comentarios violentos que reciben las mujeres y niñas en línea son cualitativamente diferentes a los que reciben los hombres, siendo estos, en su mayoría, comentarios sobre su apariencia física y amenazas de violencia sexual (APC, 2020).

En 2014 un informe de la European Union Agency for Fundamental Rights (FRA, 2014) reveló que el 11% de las mujeres europeas (aproximadamente 9 millones) habían sido víctimas de violencia en internet, ya sea a través de la web, el correo electrónico o dispositivos móviles. Asimismo, el 21% de las mujeres sufrió violencia durante más de dos años y el 23% se vio forzada a cambiar su correo electrónico o número telefónico. Este estudio también destacó que el 77% de las víctimas de ciberacoso habían experimentado al menos una forma de violencia sexual y/o física por parte de una pareja íntima. Ese mismo año, la Delegación del Gobierno de España para la Violencia de Género indicó que el 32,5% de los adolescentes españoles entre 12 y 24 años sufrirían formas de control a través del teléfono móvil.

El incremento de la violencia de género en línea, paralelo a la digitalización, expone a grupos vulnerables a diversas formas de ciberacoso: hostigamiento, *doxxing, deepfake porn, upskirting, cyberflashing,* chantaje[3] y a redes criminales de trata con fines de explotación sexual (Padilla López, 2025), afectando especialmente a jóvenes, con estudios, situación favorecida por la permisividad de las políticas de regulación de contenidos y narrativas de las grandes corporaciones tecnológicas (Kaiser, 2022). Este fenómeno tiene un impacto profundo en la salud mental de las víctimas,

---

[3] El ciberacoso implica hostigamiento en línea, el *doxxing* es la divulgación no autorizada de información personal, las *deepfake porn* son videos falsos con contenido sexual creado sin consentimiento, el *upskirting* es la captura no consentida de imágenes debajo de la ropa, el *cyberflashing* es el envío no solicitado de imágenes sexuales, y el chantaje consiste en amenazar con divulgar información comprometedora para obtener algo de la víctima.

ya que las consecuencias del acoso digital afectan su autoestima y bienestar general[4].

La magnitud de esta violencia digital y sus consecuencias se extiende a una escala global, afectando a mujeres en contextos geográficos, culturales y económicos diversos. Esta expansión no es accidental, sino estructural: responde a un modelo de gobernanza tecnológica profundamente desigual.

3. CONFIGURACIÓN ALGORÍTMICA DE LA DESIGUALDAD

Desde una lectura política feminista, y retomando los postulados de Kate Millett en su libro "Política Sexual" (1997), es necesario entender el entorno digital como un espacio profundamente politizado, donde las relaciones de género están estructuradas por dinámicas de poder y dominación. Millett ya advertía que "las relaciones entre los sexos son inherentemente políticas y están impregnadas de poder", y que "la violencia contra las mujeres debe entenderse como una violencia estructural". Aplicar esta lectura al análisis del espacio digital implica identificar las instituciones, algoritmos, lógicas y narrativas que sostienen y reproducen el orden patriarcal en su versión digital (Smith, y Rustagi, 2021; Gómez y Verdugo, 2024). La "política sexual" del entorno digital reproduce una visión masculina de la tecnología, en la que se naturalizan el control y la objetivación del "territorio-cuerpo" de las mujeres, especialmente en contextos que aparentan ser apolíticos, tales como el ocio, el consumo y la comunicación digital. Esta problemática ha desbordado la capacidad de las autoridades y ha

---

4 Un informe de Amnistía Internacional (2019) sobre violencia digital en Argentina señaló que el 36% de las mujeres encuestadas experimentaron ataques de pánico, estrés o ansiedad, mientras que el 35% indicó haber sufrido una pérdida de autoestima o confianza debido al acoso en línea.

generado una creciente preocupación pública (UNESCO, 2024; ONU, 2022).

La polarización de las discusiones en torno al feminismo en redes sociales ha facilitado la expansión de discursos antifeministas, cuyo rechazo al movimiento se justifica a menudo mediante argumentos erróneos, como la idea de que el feminismo ha ido "demasiado lejos" o que representa una amenaza para los privilegios masculinos (LLYC, 2025). En este contexto, los algoritmos de plataformas como X e Instagram juegan un papel crucial al priorizar la viralización de mensajes breves y simplificados, como memes y videos, que distorsionan temas complejos y alimentan la resistencia contra el feminismo (Piñeiro y Martínez, 2021).

Un estudio reciente reveló que el 50% de los mensajes sobre feminismo en la plataforma X son de naturaleza negativa, pues posee algoritmos que priorizan interacciones altamente emotivas, amplificando discursos misóginos, al beneficiarse de la viralidad de contenidos de odio, perpetuando estructuras patriarcales en el espacio digital. Un experimento dirigido por Liwei Jiang y otros investigadores (Jiang et al., 2021) evidenció cómo un software inteligente entrenado en foros de redes sociales adoptó posturas machistas y racistas en tan solo 16 horas. También Google, a través de la herramienta de aprendizaje *Perspective* analizó el nivel de odio generado por los foros, y se encontró que los discursos más extremos provienen de plataformas como Reddit (Horta et al.,2021).

Las imágenes en internet son aún más machistas que los textos. El sesgo de género en las fotos en la red es notable en plataformas como Google, Wikipedia o IMDB. En efecto, una investigación reciente publicada en *Nature,* ha documentado la magnitud de estos prejuicios al analizar más de 349.500 fotos en Google View, mostrando cómo se reflejan estas actitudes en las imágenes presentadas en este espacio virtual, un problema que puede agravarse con la inteligencia artificial (Guilbeault et al., 2024; Hofstra y Mulders, 2024).

Este proceso de objetivación del cuerpo femenino también está presente en la industria de los videojuegos, como se observa en la saga "Grand Theft Auto (GTA)" o el reciente videojuego "No mercy", que normaliza la cultura de la violación, la cosificación y violencia contra las mujeres a través de misiones donde los jugadores someten a los personajes femeninos, aunque ellas digan "no", pueden contratar servicios de prostitución o incluso asesinar a mujeres después de realizar un acto sexual con ellas, fomentando sin disimulo la denominada "cultura de la violación"[5].

El objeto de estudio de los sesgos de género también se extiende a los mensajes de audio, como se documentó en un análisis realizado sobre 680.000 horas de audio de plataformas como AudioSet y LibriVox. Este estudio reveló que los estereotipos sexistas persisten en este conjunto de datos, donde los términos asociados a la palabra "hombre" están relacionados con conceptos como guerra o historia, mientras que los términos ligados a la palabra "mujer" incluyen tienda o mamá, en un claro reflejo de los roles tradicionales de género (Agnew et al., 2024). La reproducción de estereotipos sexistas en plataformas digitales también afecta a la visibilidad de las mujeres en espacios como la música. Un estudio de Ferraro et al. (2021) muestra que los algoritmos de recomendación en plataformas de música están diseñados de tal forma que favorecen la visibilidad de los artistas masculinos, mientras que las mujeres enfrentan una visibilidad limitada.

Los modelos de lenguaje de IA, como GPT-3 y GPT-4 de OpenAI, Gemini de Google o Copilot de Microsoft, presentan sesgos de género evidentes, asociando roles profesionales más variados con los hombres y relegando a las mujeres a ocupaciones menos valoradas, con un sesgo del 60% hacia la representación de mujeres en roles estereotipados como sirvientas y cocineras (UNESCO, 2024). En este sentido, la inteligencia artificial (IA), en su apli-

5 https://www.articulo14.es/violencia-contra-las-mujeres/en-busca-de-putas-asi-es-el-gta-el-videojuego-que-normaliza-la-prostitucion-20240530.html

cación en redes sociales y foros, ha demostrado ser susceptible a generar brechas y sesgos sexistas y ha abierto una nueva frontera, permitiendo la generación de imágenes que simulan abusos sexuales, incluidas las imágenes de abuso infantil (UNICEF, 2024). En efecto, investigaciones realizadas por Sensity AI en 2020 encontró que el 96% de las imágenes *deepfake* tenían clasificación X por su contenido sexual[6], y que el 99% de estas imágenes mostraban cuerpos de mujeres y niñas (UNESCO, 2024; Ananya, 2024).

Recientemente, en Corea del Sur, en el 70% de sus escuelas se detectaron grupos de alumnos Telegram que realizaban *deepfakes* sexuales masivos, creadas con contenido de sus compañeras[7]. En Portugal también se detectó un chat de Telegram donde 70.000 hombres intercambiaban sin permiso, fotos de carácter sexual de mujeres de su entorno; además, la reciente violación de una menor grabada, difundida por *influencers* y visto por 32.000 personas, no generó una sola denuncia, lo que muestra la normalización de la violencia sexual online[8].

Las representaciones de las mujeres en los medios y las plataformas digitales continúan perpetuando una biopolítica de control sobre sus cuerpos. Las bases de datos sesgadas y sexistas, la hegemonía de la mirada masculina en el diseño tecnológico junto con la escasez de mujeres programadoras y expertas en IA, la falta de regulación de contenidos violentos y una lógica algorítmica que perpetua ciertos contenidos frente a otros, explica la masiva

---

6 https://www.homesecurityheroes.com/state-of-deepfakes/#key_findings:~:text=Our%20research%20reveals%20that%20seven%20of%20the%20top%20ten%20pornographic%20websites%20host%20deepfake%20content

7 https://www.elsaltodiario.com/feminismos/feministas-corea-sur-campana-deepfakes-escuelas-universidades

8 https://www.publico.es/mujer/detectado-portugal-chat-telegram-70-000-miembros-intercambian-permiso-fotos-intimas-mujeres.html; https://es.euronews.com/my-europe/2025/04/10/la-violencia-sexual-online-atrae-cada-vez-mas-a-jovenes-portugueses-y-el-tema-ha-llegado-a

digitalización misógina que permea todos los rincones del ecosistema digital.

4. MONETIZANDO DEL ODIO HACIA LAS MUJERES

En el entramado contemporáneo de capitalismo de plataformas, la llamada "porno-prostitución 2.0" —la comercialización del cuerpo femenino a través de plataformas digitales como OnlyFans, *cam sites* o redes sociales disfrazadas de "empoderamiento sexual"— no es un fenómeno aislado ni inocuo. Es, por el contrario, una pieza funcional dentro de un ecosistema donde se profundiza la cosificación de las mujeres, se normaliza la violencia simbólica y se consolida un orden tecnopatriarcal que se presenta como moderno, pero reproduce las formas más antiguas de dominación.

La pornografía y la prostitución en la actualidad funcionan como poderosos agentes de socialización de la desigualdad entre mujeres y hombres, erotizando la violencia y la sumisión femenina, lo que contribuye a la generación y el mantenimiento de un sistema de objetivación de las mujeres y una *pornificación* masiva de la cultura digital (Delicado, 2025; Barton, 2021; Alario Gavilán, 2021; Cobo Bedía, 2020; Ballester et al., 2019;).

Las plataformas que median esta "nueva" forma de explotación no solo lucran con la exposición sexualizada de mujeres, muchas veces empujadas por condiciones de vulnerabilidad económica, sino que también construyen comunidades en torno a la fantasía de acceso ilimitado, control y dominio sobre esos cuerpos.

Plataformas como OnlyFans, Fansly, IsMyGirl, Manyvids o Justfor.fans, interconectadas con redes sociales como Instagram y Twitter (Ezra, 2022; Padilla, 2025). El caso de OnlyFans, con una vasta mayoría de creadoras femeninas (97% de 1.5 millones) y una amplia base de usuarios (más de 150 millones), y la significativa presencia de aplicaciones de *sugardatting* (400.000 usuarios en España), ilustran la magnitud de esta modalidad de prostitución digitalizada, caracterizada por un modelo complementario, simultáneo y eminentemente generizado, con una abrumadora mayoría de mujeres en situación de prostitución (98%) y hombres como demandantes (99,7%) (Mujeres Jóvenes, 2023; Instituto de las Mujeres, 2023; García, 2024; Palomeque Recio, 2021).

Las formas específicas de operación de la prostitución 2.0 incluyen la publicidad digital de servicios sexuales (Instituto de las Mujeres, 2023), la actividad de *webcamers* (Sanders, Connelly y King, 2016), la "uberización" de la prostitución mediante plataformas de *matching* (Instituto de las Mujeres, 2023; Havocscope), la proliferación de plataformas híbridas porno-prostitución (Lozano y Conelli, 2020; Jones, 2015b; Hardy y Barbagallo, 2021;), y la creciente amenaza de la pornografía sintética generada por inteligencia artificial.

El impacto de esta industria afecta significativamente a mujeres jóvenes universitarias que perciben estas plataformas como una fuente de ingresos (Drenten, Gurrieri y Tyler, 2020), siendo la demanda de servicios sexuales 2.0 significativamente masculina, lo que se relaciona con la construcción de masculinidades consumistas y la adopción de actitudes misóginas[9].

Estas jóvenes universitarias, sin previa relación con el sistema prostitucional que se convierten en creadoras de contenido de porno *amateur*, lo que las conduce, en muchas ocasiones, a recibir pagos de sus suscriptores o sugardaddys a cambio de relaciones sexuales, aunque no lo consideran prostitución. Ellas perciben que estas plataformas son oportunidades de emprendimiento, liberación y empoderamiento individual. En algunos casos, valoran tan negativamente las relaciones heterosexuales convencionales, que ven en Onlyfans o en las plataformas de *sugardatting* una op-

---

[9] En general, los perfiles de las *escorts, webcamers,* creadoras de contenido o suggarbabys son muy explícitos y obligan a exponer muchos datos personales sobre ellas, sin embargo, los suscriptores, *sugardaddys* o demandantes suelen preservar sus datos personales: el 85,6% de los *sugardaddys,* que mantienen en su perfil su total anonimato (García, 2024).

ción de “mal sexo” por la que, al menos obtienen dinero (Burkett, 2012; Gunnarsson, 2018; Bernstein, 2007; Drenten et al, 2020) en un contexto digital marcado por la male gaze (Berger, 1972; Mulvey, 1975; Zafra, 2021).

Este nuevo orden digital no solo comercializa la imagen, sino que fabrica subjetividades femeninas. Bajo el disfraz de la “autonomía” y el “emprendimiento”, se produce una narrativa donde la mujer aparece como libre agente de su propia explotación, anulando el análisis de las condiciones estructurales que empujan a millones a sexualizarse para sobrevivir (Delicado, 2025; Alario Gavilán, 2021; Barton, 2021; Cobo Bedía, 2020; Ballester et al., 2019; De Miguel, 2015). Es una trampa discursiva que sirve tanto a las plataformas —que eluden su responsabilidad como intermediarias— como a los discursos iliberales que, al tiempo que atacan los derechos sexuales y reproductivos de las mujeres, celebran este modelo de “feminidad” dócil, hipersexualizada y rentable. La valoración de las mujeres por su apariencia, concepto central del "capital erótico" (Hakim, 2011), contribuye a su instrumentalización en el contexto de las expectativas patriarcales.

La dificultad para separar la pornografía y la prostitución 2.0 se evidencia en su tratamiento como un negocio único. Lo que cambia es el medio, no la sustancia, pues aunque introduce una serie de nuevas lógicas de funcionamiento que la distinguen de las formas tradicionales (Mujeres Progresistas, 2023; Diaconía, 2024), existe una continuidad entre la prostitución tradicional y la emergente "prostitución 2.0" (Ballester Brage y Orte Socías, 2019; Delicado-Moratalla, 2025).

La porno-prostitución 2.0 se distingue de las formas tradicionales por la gestión algorítmica de la visibilidad y rentabilidad del contenido, la negociación digital dinámica de precios y condiciones, la integración omnicanal para la promoción y el acceso, y la intermediación digital de las plataformas, que reemplaza a los intermediarios físicos tradicionales (Mujeres Progresistas, 2023; Diaconía, 2024). Entre estas se encuentra la gestión algorítmica, que modula la visibilidad y la rentabilidad del contenido generado por las creadoras en función de diversos parámetros definidos por las plataformas. Asimismo, se observa un nuevo modelo de negociación digital, donde los precios y las condiciones de los servicios fluctúan en tiempo real en respuesta a la dinámica de la oferta y la demanda. La integración *cross-channel* de diversas plataformas y redes sociales facilita la promoción y el acceso a los servicios sexuales digitales, difuminando las fronteras entre diferentes espacios virtuales. La aparente desaparición de intermediarios físicos tradicionales, como la figura del proxeneta clásico o el *loverboy*, se ve reemplazada por la intermediación digital de las propias plataformas. Sin embargo, esta digitalización también conlleva una mayor accesibilidad y disponibilidad de los servicios las 24 horas del día, los 7 días de la semana, lo que a menudo se traduce en agotamiento, sobreexposición y jornadas laborales interminables (fatiga digital) para las creadoras de contenido. Esta digitalización conlleva una disponibilidad continua de servicios, lo que puede generar agotamiento digital en las creadoras de contenido.

La digitalización de la industria ha consolidado la influencia de nuevos intermediarios digitales y ha facilitado la emergencia de formas de proxenetismo online o "e-pimps", que se benefician de la explotación sexual en estas plataformas. El entorno digital de la prostitución 2.0 expone a las mujeres a múltiples violencias que abarcan desde a los chantajes o las *deepfake porn* (García, 2024). La convergencia de *sextech* e IA generativa también incrementa el riesgo de violaciones de privacidad, seguridad y salud mental, además de amplificar el riesgo de filtración de datos.

Las Big Tech obtienen beneficios de esta industria a través del alquiler de espacio digital, la venta de imágenes sexuales (a menudo sin consentimiento ni retribución para las creadoras), la publicidad automatizada y la comercialización de datos de comportamiento a través de *data brokers* (Velthuis y Van Doorn, 2020; Stegeman, 2024). El auge de la *gig economy* en el ámbito del comercio sexual ha configurado un mercado caracterizado por dinámicas opacas que incluyen la reventa no consentida de material multimedia, publicidad automatizada dirigida y la recopilación y venta de datos personales mediante mecanismos de rastreo invasivos (Velthuis y Van Doorn, 2020; Stegeman, 2024). Es justamente aquí donde convergen los intereses de la misoginia digital organizada—con su odio estructural al feminismo y su idealización de la mujer subordinada— y las grandes corporaciones tecnológicas, que encuentran en la venta de atención sexualizada una fuente masiva de ingresos.

La ausencia de control efectivo sobre las ganancias generadas por la facilitación y comercialización de pornografía y prostitución plantea la cuestión de si estas plataformas constituyen una "industria proxeneta digital"[10]. Su modelo de negocio se basa en la intermediación y la extracción de valor de la explotación sexual digital, lo que exige una intervención regulatoria integral y un análisis crítico con perspectiva de género para proteger los derechos de las personas en este complejo escenario. En efecto, la prostitución y la pornografía 2.0 es la expresión digitalizada de una vieja lógica: la conversión del cuerpo femenino en mercancía.

5. ARQUITECTURA DIGITAL DEL PATRIARCADO

A pesar de que una proporción significativa y creciente de la población mundial se encuentra conectada a Internet, la arquitectura subyacente, los algoritmos que rigen el flujo de información, las políticas de moderación de contenido y, especialmente, la go-

10 Andorra, país donde la prostitución es ilegal, estudia considerar como prostitución el contenido sexual de la plataforma Onlyfans, porque podría ser equiparable a la prostitución. La Ministra de Interior y Justicia del país indicó que “teniendo en cuenta que se trata de una actividad que puede provocar abusos y explotación, el Gobierno ha decidido hacer un estudio jurídico para saber si los servicios sexuales en línea se pueden equiparar a los servicios sexuales presenciales, para eventualmente analizar, si se puede establecer una prohibición administrativa de solicitar u obtener servicios sexuales en línea, tal como se hace con la prostitución tradicional”.https://elpais.com/espana/catalunya/2025-03-28/andorra-declara-la-guerra-a-onlyfans.html

bernanza de este vasto espacio digital, continúan siendo monopolizados por una élite reducida, compuesta de manera desproporcionada por varones hiperconectados que a menudo comparten una visión del mundo y unos sesgos implícitos (Internet Health Report, 2019).

Las prácticas empresariales de las Big Tech, dirigidas por esta "aristocracia masculina tecnológica", operan con frecuencia en una preocupante contradicción con los principios democráticos fundamentales y los derechos humanos universales (UNESCO,2024; Webb, 2021). Esta falta de diversidad en los puestos de liderazgo y en los equipos de desarrollo inevitablemente se traduce en productos y servicios digitales que reflejan y, por ende, refuerzan las perspectivas y los sesgos de sus creadores, a menudo invisibilizando o marginando las experiencias y las necesidades de las mujeres. En efecto, la baja representación de mujeres en sectores STEM y de inteligencia artificial impacta negativamente en la diversidad de referentes y modelos aspiracionales[11]. En este sentido, el espacio digital se ha transformado en un terreno fértil para la difusión de discursos extremistas de odio y la amplificación de prejuicios estructurales (Kaiser, 2022; Webb, 2021; Lanier, 2018).

---

11 Las mujeres están significativamente infrarrepresentadas en los campos de Ciencia, Tecnología, Ingeniería y Matemáticas (STEM) e Inteligencia Artificial (IA). A nivel global, solo constituyen el 22% de la fuerza laboral en IA y el 29% en investigación y desarrollo, cifra que desciende al 18% en conferencias líderes de IA. Esta disparidad se evidencia en empresas tecnológicas punteras como Facebook (15% mujeres en investigación de IA) y Google (10%). Un informe de la UNESCO confirma esta tendencia en disciplinas clave como informática, tecnologías de la información, ingeniería, matemáticas y física. Si bien algunos países como Singapur, Italia y Sudáfrica muestran una mayor participación femenina en IA (alrededor del 28%), otros como Brasil, México, Alemania y Polonia presentan niveles considerablemente más bajos. Esta falta de representación femenina priva a las mujeres de modelos a seguir, lo que impacta negativamente en sus aspiraciones y limita su contribución al desarrollo tecnológico (Adarsh,2024; UNESCO, 2024).

Las políticas de estas plataformas perpetúan jerarquías sexistas, contribuyendo a la violencia de género, la explotación sexual digital y el deterioro de la calidad democrática al consolidar estructuras patriarcales que limitan la autonomía femenina en el entorno digital. En este contexto, la figura de ciertos líderes tecnológicos prominentes representa una cultura corporativa que, en ocasiones y de manera preocupante, adopta actitudes autoritarias y abiertamente misóginas, naturalizando discursos que trivializan, minimizan o incluso promueven la violencia simbólica y digital dirigida hacia las mujeres[12]. A este panorama se suma la alarmante proliferación de *influencers* digitales que, a través de sus plataformas, redes sociales o videojuegos, movilizan a un público joven —especialmente varones— que experimentan sentimientos de frustración, alienación y resentimiento ante un mundo que perciben como inherentemente injusto, promoviendo de manera irresponsable discursos de odio virulento y acciones extremas, como la incitación a linchamientos digitales coordinados dirigidos hacia figuras femeninas públicas que se atreven a desafiar el statu quo patriarcal (Ardash, 2024). Esta narrativa misógina, lejos de permanecer confinada a los márgenes de la esfera digital, ha sido integrada de manera estratégica en la agenda política de varios gobiernos autoritarios alrededor del mundo, como lo evidencian gobiernos donde los derechos de las mujeres han sufrido un alarmante retroceso[13].

---

12 Zuckemberg que creó la red social de Facebook en Harvard con el fin de hacer "valoraciones compartidas· de sus compañeras (Franco, 2024), acaba de reivindicar la llamada "energía masculina", muy vilipendiada desde lo *woke*. Esa masculinidad, esa fuerza, esa dominación tradicional es un retorno o *backlash* al modelo de masculinidad tradicional ruda, irracional y poderosa. https://www.eldiario.es/sociedad/energia-masculina-empresas-gobierno-machos-alfa-mark-zuckerberg-elon-musk-pelean-liderar-reaccion-bro_129_11966938.html

13 Documentos como Proyecto 2025 (2025), donde el punto 2 se destina íntegramente al recorte de derechos de ciudadanía y democrático de las mujeres y que actualmente marca la agenda política del presidente

Esta situación se ve aún más exacerbada por la compleja realidad socioeconómica que enfrentan muchos jóvenes varones de clase trabajadora en las sociedades occidentales, quienes, en muchos casos, aún no han experimentado los privilegios económicos que históricamente se han asociado con la masculinidad tradicional (Carbonell, 2024). En efecto, estudios recientes y datos estadísticos concretos (Financial Times, 2024; Centre for Social Justice, 2024; Eurostat, 2023; INE, 2024) evidencian un declive relativo de los hombres jóvenes en términos de indicadores clave como la obtención de títulos universitarios y de formación profesional, las tasas de empleo y, en algunos contextos, incluso los niveles de ingresos en comparación con sus compañeras femeninas. En consecuencia, se observa una preocupante inclinación hacia posturas políticas más reaccionarias, autoritarias e incluso antidemocráticas entre los hombres jóvenes, con una mayor propensión a apoyar opciones políticas de extrema derecha, mientras que las mujeres jóvenes tienden a mostrar una mayor defensa de los principios del estado de derecho y una orientación política generalmente más progresista y de izquierda[14].

---

de los Estados Unidos, así como políticas concretas implementadas en países como Afganistán, Hungría o Argentina, entre otros.

14 Datos y fuentes clave: Datos de Eurostat (2023) y el INE muestran una mayor titulación universitaria femenina en la UE y España (48,8% vs. 37,6% y 58% vs. 46,1% entre 25-34 años respectivamente) y mayor abandono escolar masculino: 15,8% vs. 10% (INE, 2024). La brecha salarial de género para jóvenes (<25 años) en la UE se reduce e incluso invierte a favor de las mujeres (Eurostat, 2023); en España, de 7,3% favorable a hombres en 2013 a 0,4% en 2023). Un estudio Ipsos/King's College (2025) halló que el 57% de los hombres de la Generación Z cree que la igualdad de género ha ido "demasiado lejos". El European Election Studies (2024) revela que el 17,2% de los varones menores de 25 años votaron a la ultraderecha, casi el doble que las mujeres (9,5%). En España (40dB, 2025), la intención de voto por partidos de ultraderecha es mayor en hombres de 18-28 años (29,9%) que en mujeres (18,3%). Carbonell (2024) vincula este fenómeno al declive socioeconómico de los hombres jóvenes: menor renta, riqueza, empleo, educación y salud mental. Estos datos sugieren una conexión entre el retroceso socioe-

Esta situación opera, además, bajo los efectos de la irrupción de la manosfera, que emerge como un espacio virtual de creciente importancia y preocupante influencia, consolidándose como un centro neurálgico para la articulación, la amplificación y la normalización de discursos explícitamente antifeministas y profundamente misóginos (FAD, 2021; Williams, 2021; Pink et al., 2019). Dentro de esta subcultura digital misógina, la manosfera digital canaliza el malestar existencial y la frustración de grandes capas de jóvenes desesperanzados, fomentando una forma de camaradería masculina excluyente y tóxica, basada en la validación mutua de comportamientos sexistas, la normalización de las "necesidades sexuales" masculinas a expensas del respeto y la autonomía de las mujeres, y la celebración abierta de actitudes misóginas y homofóbicas (García-Mingo et al., 2022). A través de plataformas populares como 4chan, Telegram y Reddit en el mundo anglosajón, o en el caso español, de Forocoches, foros de demandantes de prostitución y otros espacios que funcionan a modo de "hermandad cooperativa" de la fratria masculina (Gómez et al., 2024), así como mediante la creación y la viralización de memes, videos y publicaciones cuidadosamente diseñadas para apelar a las inseguridades y los resentimientos masculinos, la manosfera vehicula narrativas perniciosas que alimentan una distorsionada percepción de victimización masculina y fomentan un odio visceral hacia las mujeres (García-Mingo et al., 2022).

Un rasgo distintivo y particularmente insidioso de la manosfera es la prevalencia del "narcisismo victimista", un fenómeno psicológico y social donde los hombres se perciben a sí mismos como víctimas de un sistema social que supuestamente privilegia a las mujeres, invirtiendo por completo la realidad de la violencia estructural y sistémica ejercida contra las mujeres a lo largo de la historia y en el presente. En lugar de reconocer y confrontar la profunda y arraigada violencia estructural que sufren las mujeres en todas las esferas de la vida, en la que los hombres son repre-

---

conómico masculino juvenil y su mayor apoyo a las opciones políticas autoritarias y claramente contrarias a la igualdad de género.

sentados como "oprimidos" por el movimiento feminista y por las políticas de igualdad de género (Freenkel y Kant, 2021).

El diseño y gobernanza digital es fruto de una intrincada y compleja convergencia de factores de gran relevancia tales como la consolidación de una reducida "tecnooligarquía", la vasta y creciente propagación y el arraigo de discursos misóginos y antifeministas y el alarmante incremento del apoyo de jóvenes varones hacia ideologías antidemocráticas. La manosfera ha encontrado terreno fértil en el paisaje digital. Su crecimiento ha sido amplificado por algoritmos diseñados para maximizar la atención y el *engagement*, sin distinción antidemocrático del contenido que promueven. No se trata solo de palabras o "opiniones impopulares", sino de discursos que generan consecuencias reales: acoso, violencia, radicalización y retrocesos legislativos.

En la actualidad se asiste a la inquietante convergencia entre discursos misóginos profundamente arraigados en el ecosistema digital y el fortalecimiento de oligarquías tecnológicas que, directa o indirectamente, respaldan la consolidación de proyectos políticos autoritarios e iliberales. Esta alianza, aunque a menudo sutil y disfrazada de neutralidad algorítmica o libertad de expresión, representa una amenaza real para los derechos humanos, la democracia y, en particular, para los avances alcanzados en materia de igualdad entre mujeres y hombres.

6. CONCLUSIÓN

En el contexto de la creciente digitalización social, el ecosistema en línea, dominado por grandes corporaciones tecnológicas, ha evolucionado de un mero espacio de interacción a un agente activo en el proceso de *enshittification* misógina y en la proliferación de violencia simbólica contra las mujeres. Este fenómeno adquiere la forma de un "guion patriarcal", un dispositivo estructural que articula políticas digitales para perpetuar un orden sociosexual virtual concreto, configurándose como un mecanismo de control social y político. Este proceso se vehicula mediante la arquitectura algorítmica, la producción y distribución de contenido digital, las políticas de moderación y las estrategias de plataformas específicas.

A partir de la literatura científica consultada, este texto ha examinado las racionalidades políticas, económicas y culturales que promueven la consolidación de un patrón sistemático de producción, circulación y consumo de contenidos, narrativas y afectos que reafirman la desigualdad de género mediante el análisis de la intersección entre género, tecnología y poder. Las políticas internas de las Big Tech, con liderazgos predominantemente masculinos, configuran un espacio digital androcéntrico que refuerza este guion, perpetuando desigualdades y amenazando la calidad democrática al favorecer la circulación de contenido sexista y violento, impulsado por la "economía de la atención" (Applebaum, 2024). Dicho entramado es orquestado por un diseño androcéntrico, bases de datos sesgadas, políticas de moderación opacas y una biopolítica de control corporal femenino

Este régimen escópico refuerza un ecosistema digital que moldea pensamientos, palabras, deseos y jerarquías sociales, redefiniendo también las normatividades de género en un entorno de misoginia digital intensificada (Zafra, 2021). Esto está profundamente relacionado con las estructuras patriarcales que siguen siendo legitimadas a través las representaciones culturales dominantes. La presencia femenina en la esfera digital se ve condicionada por nuevas configuraciones del poder, que transforman la visibilidad en vulnerabilidad. El "ginóptico" y la omnipresente "mirada masculina" (Mulvey, 1975; Berger, 1972) revelan cómo el ecosistema digital reproduce y amplifica formas de control y cosificación de los cuerpos femeninos, reforzando subjetividades inherentemente subordinadas: sujetos masculinos que miran cuerpos femeninos (Zafra, 2021).

La misoginia 2.0 se establece como un fenómeno estructural inherente al ecosistema digital contemporáneo, articulando dinámicas de poder político, económico y cultural bajo lógicas patriarcales, y representando una manifestación actual de dicho guion, con implicaciones que trascienden lo virtual e impactan las esferas sociales, políticas y económicas. Esta misoginia digital no es un evento aislado, sino una consecuencia sistémica de las lógicas tecnocapitalistas y patriarcales operadas por una minoría tecnológica, manifestándose en violencia digital masiva contra las mujeres, difusión de contenido sexistas, subculturas de la manosfera y la monetización del odio hacia las mujeres a través de la industria sexual.

Bases de datos sesgadas, la hegemonía de la mirada masculina en el diseño tecnológico, la escasez de mujeres en roles técnicos clave (programación, IA), la falta de regulación de contenido violento y algoritmos que favorecen ciertos contenidos explican la digitalización masiva de la misoginia. Porque si los estereotipos no se abordan adecuadamente, los conjuntos de datos pueden generar modelos que perpetúen o incluso aceleren los prejuicios y concepciones distorsionadas de la realidad, al considerarlos un reflejo de la humanidad sin entender su verdadera composición, lo que puede generar numerosos efectos negativos más adelante (Agnew et al, 2024; Calderón-Suárez et al., 2023). Esta intrincada red de factores, entrelazada con estructuras patriarcales legitimadas culturalmente, consolida un "guion patriarcal" digital aparentemente ineludible.

Este entorno digital, impulsado por una geoeconomía internacional del desastre (Klein, 2024), refuerza un sistema de objetivación femenina y la propagación de masculinidades dañinas.

La "pornificación de la cultura" vehicula la desigualdad de género, mediante una biopolítica de control corporal femenino y la presión por "agradar", que se amplifican en plataformas digitales, donde los algoritmos favorecen narrativas patriarcales que cosifican y deshumanizan a las mujeres: ser mujer en el ecosistema digital se ciñe únicamente a la asignación que nos brinda la industria sexual, bajo la apariencia de libertad de expresión, consumo voluntario o emprendimiento individual.

A nivel europeo, la coexistencia de directivas y normativas nacionales genera un panorama legal complejo[15]. Las tensiones entre ambos niveles generan vacíos jurídicos que son aprovechados por las plataformas digitales, como ocurre con la escasa regulación de la pornografía no consentida generada mediante inteligencia artificial (Arnett, 2024; Aavick et al., 2024; Labuz, 2024). La ambigüedad de las políticas de las grandes tecnológicas, junto con la falta de una regulación eficaz, impide abordar adecuadamente esta problemática. En este contexto, se vuelve imperativo avanzar hacia una gobernanza digital con perspectiva de género, capaz de articular mecanismos globales que garanticen derechos democráticos, una ciudadanía digital plena y justicia social en los entornos virtuales.

Resulta crucial implementar políticas públicas robustas con perspectiva de género para desafiar el "guion patriarcal" de la misoginia 2.0, exigiendo responsabilidad corporativa a las tecnológicas para prevenir la violencia digital y la promoción de masculinidades dañinas, garantizando un espacio digital que respete los derechos fundamentales y la estabilidad democrática. La crítica feminista debe intensificar sus esfuerzos para visibilizar estas desigualdades estructurales, exigiendo medidas correctivas que redefinan la gobernanza digital para regular los excesos misóginos y garantizar un entorno digital justo y equitativo.

---

15 Resolución del Parlamento Europeo del 14 de septiembre de 2023 ; Resolución del Parlamento europeo 2014, ; INFORME sobre la propuesta de Directiva del Parlamento Europeo y del Consejo por la que se modifica la Directiva 2011/36/UE relativa a la prevención y lucha contra la trata de seres humanos y a la protección de las víctimas, Directiva 2011/92/UE del Parlamento europeo y del consejo de 13 de diciembre de 2011, relativa a la lucha contra los abusos sexuales y la explotación sexual de los menores y la pornografía infantil y por la que se sustituye la decisión marco 2004/68/jai del consejo. Ley de Servicios Digitales, Ley Europea de Inteligencia Artificial, y el proyecto de ley orgánica para proteger a los menores de edad en los entornos digitales, entre otras.

7. REFERENCIAS

40dB (2025). *Barómetro mensual abril 2025.* El País. Cadena Ser. https://ep00.epimg.net/infografias/encuestas40db/2025/04-barometro/2025_04_barometro_voto2.pdf

Aavick, K., Collinson, D. L., Hall, M., Hearn, J., & Thym, A. (2024). *El impacto del dominio masculino de la IA y la tecnología Deepfake.* Routledge. https://www.routledge.com/blog/article/open-ai-another-case-of-men-masculinities-gendered-organizing

Adarsh. (2024). Bridging the Gender Gap in AI-Based Roles. *Syfy.com.* https://www.sify.com/ai-analytics/bridging-the-gender-gap-in-ai-based-roles/

Agencia Española de Protección de Datos (AEPD). (2022). *Datos correspondientes a 2022 del Canal prioritario para solicitar la retirada de contenido sexual o violento publicado en Internet sin consentimiento.* https://www.aepd.es/es/prensa-y-comunicacion/notas-de-prensa/violencia-digital-contra-mujeres-y-ninas-aglutina-70-casos-canal-prioritario

Agnew, W., Barnett, J., Chu, A., Hong, R., Feffer, M., Netzorg, R., Jiang, H. H., Awumey, E., & Das, S. (2024). Sound Check: Auditing Audio Datasets. *ArXiv* 2410.13114v1. Cornell University. https://arxiv.org/abs/2410.13114

Alario Gavilán, M. (2021). *Política sexual de la pornografía. Sexo, desigualdad, violencia.* Ediciones Cátedra.

Amnistía Internacional. (2018). *Toxic Twitter, a Toxic Place for Women.* https://www.amnesty.org/en/latest/research/2018/03/onlineviolence-against-women-chapter-1/.

Amnistía Internacional. (2019). *Corazones Verdes. Violencia online contra las mujeres durante el debate por la legalización del aborto en Argentina.* https://amnistia.org.ar/corazonesverdes/files/2019/11/corazones_verdes_violencia_

Ananya. (2024). AI image generators often give racist and sexist results: can they be fixed? *Nature. News Feature.* https://www.nature.com/articles/d41586-024-00674-9

Applebaum, A. (2024). *Autocracy Inc. The Dictators Who want to Run the World.* Doubleday.

Ardash, N. (2024). *The Global Gender Gap Report 2024.* World Economic Forum.

Arnett, S. (2024). Inteligencia Artificial. Vuelta al mundo por las regulaciones de la IA en 2024. *MIT Technology Review.* https://www.technologyreview.es//s/16069/vuelta-al-mundo-por-las-regulaciones-de-la-ia-en-2024

Association for Progressive Communications (APC). (2020). *COVID-19 and the increase of domestic violence against women: A submission from the Association for Progressive Communications to the United Nations Special Rapporteur on violence against women, its causes and consequences.* NNUU. https://www.apc.org/sites/default/files/APC_submission_COVID_19_and_domestic_violence_June_2020.pdf

Association for Progressive Communications (APC). (2024). *End violence:Women's rights and safety online.* Recuperado de https://www.apc.org/en/project/endviolence-womens-rights-and-safety-online.

Ballester Brage, L., & Orte Socías, C. (2019). *Nueva pornografía y cambios en las relaciones personales.* Editorial Octaedro.

Barton, B. (2021). *The pornification of America: how raunch culture is ruining our society.* NYU Press.

Bates, L. (2020). *Men Who Hate Women.* Simon & Schuster Ltd.

BBC. (2023). *Investigación BBC: el comercio ilegal de imágenes de abuso sexual infantil generadas por Inteligencia Artificial* (junio de 2023). BBC. https://www.bbc.com/mundo/articles/c1vzyevl0nro?at_medium=RSS&at_campaign=KARANGA

Berger, J. (2000). *Modos de ver* (fragmento). Edición Gustavo Gili (Original work published 1972).

Bernstein, E. (2007). «Sex Work for the Middle Classes». *Sexualities* 10 (4): 473-88. https://doi.org/10.1177/1363460707080984.

Burkett, M.; Hamilton, K. (2012). "Agencia sexual posfeminista", *Sexualities,* 15(7) 815-833. https://ro.ecu.edu.au/ecuworks2012/581/

Calderón-Suarez, R., Ortega-Mendoza, R., Montes-Y-Gómez, M., Toxqui-Quitl, C., & Márquez-Vera, M. (2023). Enhancing the Detection of Misogynistic Content in Social Media by Transferring Knowledge From Song Phrases. *IEEE Access,* 11, 13179-13190. https://doi.org/10.1109/ACCESS.2023.3242965

Carbonell, F. (2024). *De proveedor a precario: Cómo el declive económico de los hombres jóvenes alimenta el antifeminismo.* Future Policy Lab.

Center for Social Justice. (2025). *Lost boys. State of the Nation.* Center for Social Justice. https://www.centreforsocialjustice.org.uk/wp-content/uploads/2025/03/CSJ-The_Lost_Boys.pdf

Cobo Bedía, R. (2020). *Pornografía: el placer del poder.* Ediciones B.

Consejo de Derechos Humanos de Organización de las Naciones Unidas (CDH-ONU).(2018). *Acelerar los esfuerzos para eliminar la violencia contra las mujeres y las niñas: prevención de la violencia contra las mujeres y niñas en los contextos digitales.* https://undocs.org/es/A/HRC/38/L.6

De Miguel, A. (2015). *Neoliberalismo sexual.* Cátedra.

Doctorow, C. (2024). 'Enshittification' is coming for absolutely everything. *Financial Times.*

Drenten, J.; Gurrieri, L.; Tyler, M. (2020). Sexualized Labour in Digital Culture: Instagram Influencers, Porn Chic and the Monetization of Attention. *Gender, Work & Organization* 27 (1): 41-66. https://doi.org/10.1111/gwao.12354.

European Election Studies. (2024). *Datos electorales.* European Election Studies. https://www.gesis.org/en/services/finding-and-accessing-data/international-survey-programs/european-election-studies

European Institute For Gender Equality (EIGE). (2017) *Cyber violence against women and girls.* http://eige.europa.eu/rdc/eige-publications/cyber-Violence-Against-Women-And-Girls

European Institute For Gender Equality (EIGE). (2022). *Cyber violence against women and girls.* http://eige.europa.eu/rdc/eige-publications/cyber-Violence-Against-Women-And-Girls

European Union Agency for Fundamental Rights. (2014). *Violence against women: an EU-wide survey. Main results report.* FRA. European Union Agency for Fundamental Rights.https://fra.europa.eu/en/publication/2014/violence-against-women-eu-wide-surveymain-results-report.

Eurostat. (2023). *Datos sobre educación y empleo.* Eurostat. https://ec.europa.eu/eurostat

Ferraro, A., Serra, X., & Bauer, C. (2021). Break the Loop: Gender Imbalance in Music Recommenders. In *CHIIR '21: Proceedings of the 2021 Conference on Human Information Interaction and Retrieval* (pp. 249–254).

https://doi.org/10.1145/3406522.3446033

Financial Times. (2024). Las mujeres jóvenes están empezando a dejar atrás a los hombres. Financial Times. https://www.ft.com/content/17606f25-1d03-4f37-b7f4-f39989af9bde

Franco G, M. (2024). *Las redes son nuestras. Una historia popular de Internet y un mapa para volver a habitarla.* Consonni.

Freenkel, B., & Kant, G. (2021). Online Misogyny as Digital Hate: A Multifaceted Approach. *Journal of Interpersonal Violence,* 36(19-20), NP10635-NP10659.

Fundación Ayuda contra la Drogadicción (FAD) (2021). *Barómetro juventud y género 2021. Identidades, representaciones y experiencias en una realidad social.* Centro de Arte Reina Sofía sobre adolescencia y juventud.

Fundación Internet Watch. (2023). *Informe de la fundación Internet Watch de 2023.* https://www.iwf.org.uk/annual-report-2023/

Fundación Mutua Madrileña y EMUME U.T. de la P.J G. C.. (2024). *Violencia sexual contra la infancia y la adolescencia en el ámbito digital.* https://www.fundacionmutua.es/actualidad/noticias/estudio-violencia-sexual-digital-en-la-infancia/

García Mingo, E., Fernández-Díaz, S., & Tomás-Forte, S. (2022). (Re)configurando el imaginario sobre la violencia sexual desde el antifeminismo: el trabajo ideológico de la manosfera española. *Política y Sociedad,* 59(1). https://doi.org/10.5209/POSO.80369

García, Andrea (2024). "La digitalización de la industria de la explotación sexual: Un estudio exploratorio sobre el fenómeno del sugardating en España", en *Gender on Digital.* https://revistas.uvigo.es/index.php/GOD

Ging, D., & Siapera, E. (2018). Special issue on online misogyny. *Feminist Media Studies,* 18(4), 515-524. https://doi.org/10.1080/14680777.2018.1447345

Gómez Suárez, A. y Verdugo Matés, R. M. (2024). Nuevas formas de poder digital en la red: dimensiones de la política sexual de las Big Tech. *Revista CIDOB d'Afers Internacionals,* n.º 138 (diciembre de 2024), p. 97-120. DOI: doi.org/10.24241/rcai.2024.138.3.97

Gómez-Suárez, Á. et al (2024). La "Manosfera Forocochera" en reacción. Un estudio de caso paradigmático en el contexto español, en *Masculinidades y cambio social,* 13, 3, 226-244

Guilbeault, D., Delecourt, S., Hull, T., Desikan, B. S., Chu, M., & Nadler, E. (2024). Online images amplify gender bias. *Nature.* https://doi.org/10.1038/s41586-024-0706

Gunnarsson, L. (2018). "Excuse Me, But Are You Raping Me Now?" Discourse and Experience in (the Grey Areas of) Sexual Violence. January 2018. NORA - *Nordic Journal of Feminist and Gender Research* 26(1):1-15.

Hakim, C. (2012). *Capital erótico. El poder de fascinar a los demás.* Debate.

Hofstra, B., & Mulders, M. A. (2024). Gender bias is more exaggerated in online images than in text. *Nature News and views.* https://www.nature.com/articles/d41586-024-00291-6

Home Security Heroes. (2023). *State of deepfakes.* https://www.homesecurityheroes.com/state-of deepfakes/#key_findings:~:text=Our%20research%20reveals%20that%20seven%20of%20the%20top%20ten%20pornographic%20websites%20host%20deepfake%20content

Horta Ribeiro, M., Blackburn, J., Bradlyn, B., De Cristofaro, E., Stringhini, G., KhosraviNik, M., & Esposito, E. (2018). Online hate, digital discourse and critique: Exploring digitally-mediated discursive practices of gender-based hostility. *Lodz Papers in Pragmatics*, 14, 45-68. https://doi.org/10.1515/lpp-*2018-0003*

INE (Instituto Nacional de Estadística). (2024). *Encuesta de Población Activa y otros datos estadísticos. Tasa de Abandono escolar temprano.* https://www.ine.es/jaxiT3/Tabla.htm?t=12543

Instituto de las Mujeres (2023). Prostitución en contextos digitales. Instituto de las Mujeres. https://www.inmujeres.gob.es/areasTematicas/AreaEstudiosInvestigacion/docs/Estudios/Prostitucion_en_contextos_digitales.pdf

Instituto de las Mujeres. (2022). *Mujeres jóvenes y acoso en redes sociales (en línea). 4DB.*. https://www.inmujeres.gob.es/areasTematicas/AreaEstudiosInvestigacion/docs/Estudios/Mujeres_jovenes_y_acoso_en_redes_sociales.pdf

International Watch Foundation (IWF). (2023). *How AI is being abused to create child sexual abuse imagery. Prompt: from fantasy to photo-realistic reality.* https://www.iwf.org.uk/media/q4zll2ya/iwf-ai-csam-report_public-oct23v1.pdf

Inter-Parliamentary Union (IPU) y Parliamentary Assembly of the Council of Europe (PACE). (2018). *Sexism, harassment and violence against women in parliaments in Europe.* https://www.ipu.org/resources/publications/reports/2018-10/sexismharassment-and-violenceagainst-women-in-parliaments-in-europe

Ipsos/Kings College (2025). *International Women's Day 2025.* Ipsos. https://www.kcl.ac.uk/giwl/assets/iwd-2025-survey.pdf.

Irish Council For Civil Liberties (ICCL). (2022). ICCL demanda a DPC por no actuar en violación masiva de datos de Google. *Epub.*, https://www.iccl.ie/news/iccl-sues-dpc-over-failure-to-act-on-massive-google-data-breach/.

Jiang, Liwei; Hwang, Jena D.; Bhagavatula, Chandra; Le Bras, Ronan; Forbes, Maxwell;Borchardt, Jon; Liang, Jenny; Etzioni, Oren; Sap, Maarten y Choi, Yejin. (2021). "Hacia la ética y las normas de las máquinas. Hacer que las máquinas sean más inclusivas, éticamente informadas y socialmente conscientes". *AI2 Blog.* https://blog.allenai.org/towards-machine-ethics-and-norms-d64f2bdde6a3

Kaiser, S. (2022). *Odio a las mujeres. Inceles, malfollaos y machistas modernos.* Katakrak.

Kassam, A. (2024). 'We're writing history': Spanish women tackle Wikipedia's gender gap Wikiesfera is one of a handful of groups around world trying to 'make women visible' on user-edited site. *The Guardian.* https://www.

theguardian.com/technology/article/2024/jun/12/spain-women-tackle-wikipedia-gender-gap-wikiesfera?CMP=share_btn_url

Klein, N. (2024). *Dopelganger. Un viaje al mundo del espejo.* Paidós.

Lanier, J. (2018). *Diez razones para borrar tus redes de inmediato.* Debate.

LLYC. (2025). *Sin Filtro: La conversación vandalizada necesita el filtro de la igualdad.* Global de CorporateAffairs.

Lozano, M., & Conelli, P. J. (2020). *PornoXplotación.* Alrevés.

Mazzucato, M. (2022). *El estado emprendedor. La oposición público-privado y sus mitos.* Taurus.

Millett, K. (1997). *Política sexual.* Cátedra feminismos (Original work published 1970).

Mujeres Jóvenes (2023). *OnlyFans. Un espacio bloqueado del negocio del sexo.* Federación Mujeres Jóvenes.

Mulvey, L. (1975). Visual Pleasure and Narrative Cinema. In M. Merck (Ed.), *The Sexual Subject. A Screen Reader in Sexuality* (pp. 22-34). Routledge.

Observatorio Nacional de Tecnología y Sociedad (ONTSI). (2022). *Violencia digital de género: una realidad invisible. Policy brief para abordar su impacto en la sociedad.* https://portal.mineco.gob.es/RecursosNoticia/mineco/prensa/noticias/2022/220429_i_InformeONTSI.pdf

ONU Mujeres. (2020). *Online and ICT facilitated violence against women and girls during COVID-19.*ONU-Mujeres. https://www.unwomen.org/en/digital-library/publications/2020/04/brief-online-and-ict-facilitated-violence-against-women-and-girls-during-covid-19

ONU Mujeres. (2022). *Informe Ciberviolencia y ciberacoso contra las mujeres y niñas en el marco de laConvención Belém do Pará. Herramientas para la implementación de la Convención de Belén do Pará. Iniciativa Spotlight.* https://lac.unwomen.org/es/digitallibrary/publications/2022/04/ciberviolencia-y-ciberacoso-contra-las-mujeres-y-ninasen-el-marco-de-la-convencion-belem-do-para.

Penny, L. (2024). *Cibersexismo. Sexo, poder y género en internet.* ContintaMeTienes.

Pew Research Center. (2017). *Online harassment.* Pew Research Centerhttps://www.pewresearch.org/internet/2017/07/11/online-harassment-2017/

Pink, S., Ardèvol, E., & Lanzeni, D. (2019). *Digital Anthropology: Anthropological Explorations of Media, Communication, and Technology.* Routledge.

Piñeiro-Otero, T., & Martínez-Rolán, X. (2021). Eso no me lo dices en la calle. Análisis del discurso del odio contra las mujeres en Twitter. *Profesional De La Información,* 30(5). https://doi.org/10.3145/epi.2021.sep.02

Plan Internacional. (2020). *(In)Seguras Online. Experiencias de niñas, adolescentes y jóvenes en torno al acoso online.* Plan Internacional. https://plan-international.es/inseguras-online

Plan Internacional. (2020). *(In)Seguras Online. Experiencias de niñas, adolescentes y jóvenes en torno al acoso online.* https://plan-international.es/inseguras-online

Proyecto Una. (2019). *Leia, Rihanna & Trump: De cómo el feminismo ha transformado la cultura pop y de cómo el machismo reacciona con terror.* Descontrol.

REVM-ONU. (18 de junio de 2018). *Informe acerca de la violencia en línea contra las mujeres y las niñas desde perspectiva de los derechos humanos.* https://undocs.org/pdf?symbol=es/A/HRC/38/47 *la*

Save the Children, (2023). *Online Grooming: Análisis de sentencias sobre online grooming a niños y niñas en España.* https://www.savethechildren.es/sites/default/files/2023-11/OnlineGrooming_ESP.pdf

Sensity. (2024). The State Of Deepfakes 2024. https://5865987.fs1.hubspotusercontent-na1.net/hubfs/5865987/SODF%202024.pdf

Shroff, S.; Nayak. M.V. (2022). Conversations editorial. *International Feminist Journal of Politics,* 24(3), 480-481. https://doi.org/10.1080/14616742.2022.2080911

Smith, G., & Rustagi Mar, I. (2021). When Good Algorithms Go Sexist: Why and How to Advance AI Gender Equity. *Stanford Social Innovation Review Logo.* https://ssir.org/articles/entry/when_good_algorithms_go_sexist_why_and_how_to_advance_ai_gender_equity#

Snyder, C. (2023). Navigating Online Misogyny: Strategies, Methods, and Debates in Digital Feminism. *Feminist Studies,* 48, 776-789. https://doi.org/10.1353/fem.2022.0050

UNESCO. (2019). *Reporting on violence against women and girls.* https://www.unesco.org/en/articles/reporting-violence-against-women-and-girls

UNESCO-Centro Internacional de Investigación sobre Inteligencia Artificial. (2024). *Challenging systematic prejudices: an investigation into bias against women and girls in large language models* (UNESCO [68959]). https://unesdoc.unesco.org/ark:/48223/pf0000388971

Unión Europea. (2022). *Ley de servicios digitales. Comisión Europea.* https://commission.europa.eu/strategy-and-policy/priorities-2019-2024/europe-fit-digital-age/digital-services-act-ensuring-safe-and-accountable-online-environment_es

Vuorre, M., & Przybylski, A. K. (2024). A Multiverse Analysis of the Associations Between Internet Use and Well-Being. *Affective Science,* 5(2). https://tmb.apaopen.org/pub/a2exdqgg/release/1

VVAA. (2025). *Proyecto 2025: Mandate for Leadership 2025: The Conservative Promise* (P. Dans & S. Groves, Eds.). https://www.newtral.es/wpcontent/uploads/2024/09/2025_MandateForLeadership_FULL.pdf

Web Foundation. (2017). *Closing the Digital Gender Gap: Reflections and Actions on International Women's Day.* https://webfoundation.org/2017/03/the-digital-gender-gap-access-isempowerment/.

Webb, A. (2021). *Los nuevos gigantes.* Península.

Whittaker M. (2025). *La plantación y la computadora.Tres ensayos sobre IA, trabajo y esclavitud.*Virus.

Williams, M. (2021). *Hate Speech and Online Extremism: Understanding the Psychology and Politics of Online Incitement.* Palgrave Macmillan.

Zafra, R. (2021). *Frágiles: Cartas sobre la ansiedad y la esperanza en la nueva cultura.* Anagrama.

Zuboff, S. (2020). *La era del capitalismo de la vigilancia: La lucha por un futuro humano frente a las nuevas fronteras del poder (Estado y Sociedad).* Paidós Ibérica.

Capítulo 3

De la imagen al ataque: acoso y abuso sexual en el entorno digital

YOLANDA RODRÍGUEZ CASTRO
Universidade de Vigo
ROSANA MARTÍNEZ ROMÁN
Universidade de Vigo
EVELIA MURCIA ALVAREZ
Universidade de Vigo
MARÍA LAMEIRAS FERNÁNDEZ
Universidade de Vigo

1. INTRODUCCIÓN

La esfera virtual se ha convertido en un nuevo espacio de cibersocialización, especialmente entre el colectivo adolescente que se denominan la generación Z y la generación alfa debido a que han nacido y crecido con el espacio virtual (Álvarez et al., 2019). En España el 96% de los/as adolescentes navegan por Internet (INE, 2024), y casi 9 de cada 10 adolescentes se conectan varias veces al día a internet o están permanentemente en la red (Save the Children, 2024). Además, un 98.5 % de los/as adolescentes españoles/as están registrados en una red social, mientras que un 83.5% está registrado en más de tres redes sociales (UNICEF, 2021). Según el estudio IAB Spain (2023), las redes sociales o plataformas más utilizadas por los/as adolescentes entre 12 y 18 años son WhatsApp (94%), Instagram (84%), TikTok (79%) y Youtube (67%). Del mismo modo, el uso de las redes sociales está aumentando en todo el mundo, según los resultados del estudio de Burnell et al. (2021) las redes sociales más utilizadas a nivel internacional por los/as jóvenes entre 13 y 17 años son WhatsApp, TikTok, Instagram y Snapchat, y para los/as jóvenes entre 18 y 24 años WhatsApp, Instagram, Twitter y Snapchat. No obstante, independientemente del país, diversos estudios científicos confirman el uso intensivo de las redes sociales por parte del colectivo juvenil en todo el mundo (Bärtl, 2018; Gray, 2018), y en estas plataformas, la interacción social se realiza mayoritariamente mediante el intercambio de vídeos, audios, imágenes y textos cortos (Rideout et al., 2022).

Así, el uso de Internet, las redes sociales y las aplicaciones de mensajería instantánea son herramientas que los y las adolescentes están utilizando para comunicarse y relacionarse, tanto con su grupo de iguales como con sus parejas, llegando a representar la comunicación online el espacio preferido frente a la comunicación cara a cara (Rodríguez et al., 2021a). Estas nuevas formas de comunicación y de interacción en la esfera online están generando nuevos desafíos en las relaciones interpersonales (Englander y McCoy, 2017), como es el aumento, a nivel global, de las conductas de sexting que implica el envío, recepción, intercambio y difusión de mensajes de texto, imágenes y/o videos con contenido sexual (Barroso et al., 2021; Molla-Esparza et al., 2023). Los estudios científicos a nivel internacional y nacional constatan que el sexting es una práctica sexual generalizada y normalizada en las relaciones socioafectivas en el colectivo adolescente (Brighi et al., 2023; Patchin y Hinduja, 2020; Gámez-Guadix et al, 2022; Molla-Esparza et al., 2023; Rodríguez et al., 2018, 2021a).

A nivel internacional, los estudios de meta-análisis muestran una amplia horquilla de prevalencia de comportamientos de sexting entre un 14,8% y 19,3% de los/as adolescentes envían contenido erótico-sexual, entre un 27,4% y 34,8% reciben sexts (Brighi et al., 2023; Madigan et al., 2018; Mori et al., 2022) y entre un 14,5% y un 20,4% reenvían sexts (Madigan et al., 2018; Mori et al., 2022). En el contexto español, el estudio de meta-análisis de Molla-Esparza et al. (2020) evidencia en sus resultados que la prevalencia de envío y recepción de sexting en el colectivo adolescente oscila entre un 12% al 17% y del 26% al 36%, respectivamente. En los estudios que hemos llevado a cabo desde nuestro equipo (Rodríguez et al., 2021a) se identifica porcentajes aún más elevados con un 52,8% de los y las adolescentes que reconocen llevar a cabo comportamientos de sexting, de los cuales el 57,8% había enviado fotos o vídeos y el 91,7% mensajes de texto con contenido erótico/sexual.

A pesar de los riesgos vinculados a estas actividades, porque pueden representar conductas de ciberviolencia, las prácticas de sexting están normalizadas en el colectivo adolescente, consideradas estas prácticas como divertidas e inocuas (Ringrose et al. 2022). Lo que ha propiciado la necesidad de poner el foco de atención en la distinción entre *sexting consentido* y *sexting no consentido* para dejar claro que tipo de actividades están representado prácticas de violencia sexual online. El *sexting consentido* se refiere a la práctica de enviar, recibir o intercambiar fotos, vídeos o mensajes de contenido sexual, de forma consentida y con el acuerdo mutuo de mantener la privacidad y confidencialidad de todas las partes involucradas en el contenido sexual (Barroso et al., 2021; Mori et al., 2020). Pero, incluso estas prácticas de sexting consentido pueden convertirse en una oportunidad para el abuso y acoso sexual, cuando el receptor de las imágenes/videos unilateralmente decida violar el acuerdo de confidencialidad de las imágenes recibidas, sobre las que se pierde el control una vez que estas se intercambian en el espacio virtual.

Por otro lado, *sexting no consentido* se refiere a crear, producir, distribuir o intercambiar imágenes o videos de índole sexual sin el consentimiento de la persona que aparece en el contenido sexual (Barroso et al., 2021; Gámez-Guadix et al., 2022; Mori et al., 2020). Los estudios a nivel internacional y nacional de *sexting no consentido* en adolescentes evidencian que entre un 4,9% y un 33,9% del colectivo adolescente llevaron a cabo comportamientos de *sexting no consentido*, difundiendo o intercambiando contenido sexual sin el consentimiento de la otra persona, y entre un 3,4% y un 16% del colectivo adolescente ha sido víctima (Barroso et al., 2021; Brighi et al., 2023; Gámez-Guadix et al., 2022; Madigan et al., 2018; Mori et al., 2022), situando la media de edad de estos episodios entre los 12 y los 16 años (Barroso et al., 2021; Gámez-Guadix et al., 2022).

2. EL ACOSO SEXUAL BASADO EN IMÁGENES

La reconceptualización del fenómeno del sexting entre practicas *sexting consentido y no consentido* representa un relevante punto de inflexión para identificar y abordar los comportamientos de sexting no consentidos como comportamientos de violencia sexual online (Powell y Henry, 2017; McGlynn y Rackley, 2017). Estas prácticas de *sexting no consentido* representan por tanto formas de violencia sexual basadas en las nuevas tecnologías (forms of technolog-facilitated sexual violence) incorporándose los términos de Acoso Sexual Basado en Imágenes (Image-Based Sexual Harassment, IBSH) y Abuso Sexual Basado en Imágenes (Image-Based Sexual Abuse, IBSA) (Ringrose et al., 2022) para describir la distribución de imágenes sexualizadas autoproducidas en la esfera online.

El *Acoso Sexual Basado en Imágenes* (*Image-Based Sexual Harassment, IBSH*) es un concepto que engloba comportamientos sexuales no deseados en la esfera online (Powell y Henry, 2017), como *presiones o solicitudes no deseadas de imágenes sexuales* (por ejemplo, solicitar imágenes desnudas) y la *recepción de imágenes sexuales no deseadas* (por ejemplo, recibir fotos sexuales no solicitadas y no deseadas) (Powell y Henry, 2017; Ringrose et al., 2022). Una de las practicas que están generalizándose en adolescentes es el envío de "Dick Pics" (Hayes y Dragiewiczc, 2018; Salter, 2017), imágenes autoproducidas que representa un tipo de acoso sexual online que están sufriendo las chicas y mujeres a través de las redes sociales o aplicaciones de mensajería instantánea (Dragiewicz et al., 2018), con las que implícitamente se le solicita a cambio fotografías sexualizadas. En España, el estudio de Gámez-Guadix y Mateos-Pérez (2019) evidencia en sus resultados que 1 de cada 5 chicas adolescentes, entre 12-14 años, habían recibido solicitudes no deseadas de imágenes sexuales de chicos por las redes.

3. ABUSO SEXUAL BASADO EN IMÁGENES

Por otra parte, el término *Abuso Sexual Basado en Imágenes* (*Image-Based Sexual Abuse, IBSA*) hace referencia a una serie de comportamientos de abuso y agresión como (Barroso et al., 2023; Finkelhor et al., 2023; Gámez-Guadix et al., 2022; Harper et al., 2021; Henry y Powell, 2018; Powell et al., 2019; 2022):

- compartir imágenes o vídeos sexuales íntimos sin el consentimiento de la otra persona,
- sacar fotos o grabar videos con contenido sexual sin el consentimiento de la otra persona y compartirlo con otras personas,
- crear contenido sexual sin el consentimiento de la otra persona utilizando aplicaciones de la inteligencia artificial para editar y manipular el contenido sexual y difundirlo (fenómeno conocido como *deepfakes*),
- compartir imágenes o videos sexuales sin consentimiento con intención de causar humillación, venganza, angustia, acoso, amenazar, manipular y/o extorsionar a la víctima.

En España los datos disponibles del estudio de Gámez-Guadix et al. (2022), en el que participaron 1.820 adolescentes españoles entre 12 y 17 años, en el que analiza las dos formas más preocupantes de image-based sexual abuse (non-consensual sexting y sextortion) en el colectivo adolescente, se muestra que un 4,5% de los/as adolescentes han mostrado a alguien una imagen o video sexual de otra persona sin su consentimiento, y el 3,3% ha sido víctima de non-consensual sexting, situando en la línea de los estudios internacionales, los primeros episodios de image-based sexual abuse a los 12 años de edad.

Estos conceptos IBSH e IBSA permiten visibilizar y comprender mejor la naturaleza abusiva y agresiva de estas prácticas de ciberviolencia, con la que detallar la variedad de comportamientos de violencia sexual que se perpetúan en la esfera online, principalmente llevada a cabo por los chicos siendo las chicas y mujeres las principales víctimas (Henry y Powell; 2018, 2020; Powell y Henry, 2017; McGlynn et al., 2017; McGlynn y Johnson, 2021; Mishna et al., 2023; Ringrose et al., 2022), desmarcándose estos conceptos de la confusión que el término sexting ha generado como práctica no problemática e incluso positiva entre jóvenes.

Pero para poder comprender y analizar como las chicas se están convirtiendo en las principales víctimas y los chicos en los principales perpetradores de IBSH y IBSA, se hace necesario enmarcar el análisis desde una perspectiva de género para analizar cómo estas formas de violencia sexual reproducen los estereotipos de género tanto descriptivos (como deben ser) como prescriptivos (como deben comportarse) ellas y ellos en las sociedades patriarcales de primacía masculina, de las que derivan las violencias que sufren las mujeres (Lameiras, Rodríguez y Adá, 2022).

Los estudios a nivel internacional muestran que entre un 3% y un 12% de los/as adolescentes perpetraron algún comportamiento como crear, producir, publicar, distribuir o intercambiar contenido sexual, sin el consentimiento de la otra persona, en la esfera online. Los estudios reiteradamente confirman que son los chicos más perpetradores de acoso y abusos sexuales en comparación con las chicas (Brighi et al., 2023; Frankel et al. 2018; Henry et al., 2018; Madigan et al., 2018; Van Ouytsel et al., 2019).

El reciente estudio de Finkelhor et al. (2023), en el que participaron 2.639 jóvenes, la gran mayoría de los/as participantes del estudio un 88% (70% chicas) han sido víctima de image-based sexual abuse, concretamente en la producción y distribución de imágenes o vídeos sexuales sin el consentimiento de la otra persona. En los resultados del estudio se evidencia que el perfil del agresor respondía a un 48.4% parejas íntimas, un 3,8% amigo/a, un 14,7% conocido y un 33,1% persona conocida de la esfera online. En los resultados del estudio de Finkelhor et al. (2023) también se muestra que el 2,2% fueron víctimas de extorsión. Siendo este tipo de conductas el siguiendo paso en la escala de las violencias online. En esta misma línea, otros estudios internacionales y nacionales, muestran que entre un 5% y un 25,3% de los/as adolescentes han sido víctimas de extorsión (Brighi et al., 2023; Patchin et al., 2020; Rodríguez et al., 2018) y entre un 3.3% y un 19.4% de los/as adolescentes han perpetrado comportamientos de extorsión (Brighi et al., 2023; Patchin et al., 2020). En este tipo de ciberviolencia se reproduce, como cabría esperar, el modelo de chicos como principales agresores (perpetrator) y chicas como principales víctimas (Rodríguez et al., 2018).

La literatura científica ha evidenciado que muchos adolescentes perciben este tipo de imágenes como "divertidas", y que las principales motivaciones para llevar a cabo comportamientos de acoso y abuso sexual basado en imágenes se relacionan con el deseo de obtener contenido sexual, después compartirlo con sus amigos y así obtener reconocimiento social dentro del grupo (Berndtsson y Odenbring, 2021; Mandau, 2020; Oswald et al., 2020). En particular, se destacan las motivaciones de los chicos, quienes señalan la presión ejercida por el grupo de iguales como un factor clave, junto con la necesidad de aumentar su popularidad o reforzar su valor de "masculinidad" (Ringrose et al., 2022; Setty, 2019). Estas prácticas en los chicos de "sugerir es una forma de derecho masculino naturalizado" (Hayes y Draguiewitcs, 2018; Ringrose et al., 2022), reciben refuerzo en el espacio de homosocialización online como una práctica "cool" cuando ellos comparten fotos autoproducidas de contenido sexual (ej. fotos penes). Para ellas la situación es muy diferencia ya que las chicas cuyas imágenes sexualizadas circulaban por la red eran etiquetadas como "putas", "zorras", "guarras" y "desesperadas" (Ringrose et al., 2022).

Las reacciones de las chicas ante este tipo de violencia es bloquear o ignoran a los emisores y casi nunca las identifican como formas de violencia sexual por lo que no las denuncian, indicando que están normalizadas. Las conductas y justificaciones de los chicos, así como las limitaciones de las chicas para identificar estas conductas como violencias sexuales online muestra la internalización del sexismo y de las normas patriarcales de la masculinidad hegemónica (Ringrose et al., 2022). Pero incluso para ellas la vulnerabilidad puede incrementarse, ya que pueden percibir estas ciberviolencias como algo positivo, considerando que les aporta popularidad y les hace sentirse deseadas, lo que muestra como el deseo de las chicas sigue mediada por la tentación (positiva) de los hombres, de ser encontrada deseable y no de su auto-expresión del deseo. De modo que recibir la atención sexualizada de los hombres hace que las mujeres "se sientan bien" a pesar de las nocivas consecuencias en su bienestar, perpetuando así el modelo de doble estándar sexual (Liss et al., 2011). Lo que convierte a este tipo de violencia en más perniciosa todavía al mantener la invisibilización e inhibir la respuesta reactiva contra estas formas de abuso, a pesar de las nocivas consecuencias en su bienestar. En este sentido, diferentes estudios evidencian consecuencias potencialmente negativas para las víctimas de acoso y abuso sexual basado en imágenes como pérdida de autoestima, depresión, ansiedad, ataques de pánico, trastorno de estrés postraumático, aislamiento, pensamientos suicidas o incluso el suicidio (Gassó et al., 2020; McGlynn et al., 2021; Powell et al., 2022).

Estas formas de violencias online (IBSH y IBSA) basado en imágenes han de enmarcarse desde el continuo de las violencias sexuales que sufren las mujeres a lo largo de la vida porque comparte características comunes con otras formas de violencia sexual (McGlynn et al., 2017; Ringrose et al., 2022) y los daños experimentados por las victimas incluyen aquellos identificados por Kelly (1988) como son el "abuso, intimidación, coerción, intrusión, amenaza y fuerza"'. En definitiva, las consecuencias del abuso sexual basado en imágenes incluyen la violación de los derechos fundamentales de las víctimas a la autonomía sexual, su integridad y su expresión sexual (McGlynn et al., 2017).

4. PROPUESTA INNOVADORA DE INTERVENCIÓN IBSH Y IBSA

En los últimos años, el creciente impacto del acoso y abuso sexual basado en imágenes en el colectivo adolescente se ha convertido en una gran preocupación para investigadores/as y educadores/as (Barroso et al., 2023; Gewirtz-Meydan et al., 2018; Finkelhor et al., 2023; Gámez-Guadix et al., 2022; Powell et al., 2022). Los y las adolescentes se encuentran en una etapa de desarrollo crucial y el acoso y abuso sexual basado en imágenes impacta negativamente en sus relaciones interpersonales, así como en su desarrollo sexual (Gámez-Guadix et al., 2022); en un contexto en el que las chicas siguen ocupando el papel de víctimas y los chicos de agresores. Por tanto, necesitamos identificar intervenciones educativas que puedan apoyar un cambio cultural (Ringrose et al., 2022) que revierta el espacio del continuo de las violencias sexuales (Kelly, 1998) en las que cada vez están más presentes y son más perniciosas las ciberviolencia sexual en las formas de acoso y abuso sexual basado en imágenes autoproducidas y difundidas entre adolescentes (Filkelhor et al., 2023).

Las propuestas educativas con una intervención innovadora deben incorporar las nuevas tecnologías, ya que representan el espacio de socialización de las/os adolescentes con un 98% del colectivo adolescentes (10 a 18 años) que utilizan habitualmente teléfonos inteligentes, ordenadores, tabletas, y, otros dispositivos, con acceso a Internet (Observatorio Nacional de Tecnología y Sociedad, ONTSI, 2022). Por lo que, es muy importante reconocer las oportunidades educativas que brinda la tecnología para educar a los/as adolescentes en el buen uso de las TIC y en la prevención de la ciberviolencia sexual, ya que permite diseñar recursos educativos, como por ejemplo aplicaciones de móviles, mucho más rentables y atractivos para ellas y ellos. Además, las aplicaciones de móviles o los juegos online son un avance tecnológico que permite a los/as adolescentes acceder a la información y adquirir conocimientos fácilmente, en cualquier lugar y momento, convirtiéndose en una herramienta educativa muy eficaz y atractiva para los/as adolescentes (Navarro-Pérez et al., 2018).

Asimismo, el uso de TIC (como por ejemplo apps, videojuegos, redes de socialización de conocimiento virtual, etc.) permiten la participación autónoma de los y las adolescentes en sus entornos de socialización cotidiana, en sus espacios de ocio y posibilitan sobre todo la motivación hacia el aprendizaje y la reflexión (Navarro-Pérez et al., 2018). Por tanto, las aplicaciones móviles, son una buena estrategia educativa para acercarnos al estilo de vida de los/as adolescentes y concienciarlos de los riesgos de las prácticas sexuales a través de la esfera virtual, y de la importancia de desarrollar actitudes críticas y empáticas para ponerse en el lugar de las víctimas de ciberviolencia sexual.

A nivel internacional, la mayoría de los estudios que han desarrollado APPs de (ciber)violencia sexual se centran principalmente en el acoso sexual callejero, destacamos la APP Hollaback (Dimond et al., 2013), Protibadi (Ahmed et al., 2014), MyPlan Safety (Sarosh et al., 2016), MoveFree (Sohini et al., 2015), SafetiPin (Viswanath et al., 2015), MehfoozAurat (Sarosh et al., 2016), HearMe (Akash et al., 2016), Women Safety-Saviour (Sharma et al., 2022). Estas aplicaciones se focalizan en la seguridad de las chicas y mujeres en la calle, mostrándoles calles o rutas seguras, servicios de transporte, información sobre la ubicación más próxima de comisarias, hospitales, entre otros servicios. Además, las APP Hollaback (Dimond, et al., 2013), HearMe (Akash et al., 2016) y Women Safety Saviour (Sharma et al., 2022) tiene incorporado una opción de emergencia, que se activa con un solo clic o agitando el teléfono, y conecta automáticamente con una persona de referencia de la víctima mediante el envío de mensajes cortos o llamadas telefónicas para alertarla de que está en peligro. La información de monitoreo de la ubicación de la víctima se proporciona a través del GPS, lo que permite localizarla rápidamente. Otro de los recursos más recientes disponibles es el la App Ankes (Edelín et al., 2023) diseñada para incrementar los conocimientos y concienciar sobre la violencia sexual que está destinado tanto a población adulta como adolescentes.

Entre las Apps dirigidas exclusivamente al colectivo adolescente y centradas en la prevención del ciberacoso se encuentras la App BullyBlocker y App STOPit. La App BullyBlocker (Silva et al., 2016) proporciona ayuda a las víctimas de ciberacoso en redes sociales como Facebook, Instagram y Twitter, además activa la notifica a los tutores legales del menor. La APP STOPit (2017) está destinada a los centros educativos, y la aplicación permite a las víctimas o los/as espectadores/as enviar mensajes de texto o capturas de pantalla de incidentes de acoso/ciberacoso en el ámbito educativo. Las notificaciones son recibidas y gestionadas por el/la coordinador/a de bienestar del centro educativo.

En España, el desarrollo de aplicaciones de ciberviolencia sexual dirigidas especialmente a adolescentes es limitado. Entre las aplicaciones disponibles se encuentra la App Cibermolo (Gobierno de Canarias, 2016), que tiene como finalidad prevenir el ciberacoso y la violencia centrado en las relaciones de parejas adolescentes. Además, la aplicación ofrece a los/as adolescentes información sobre otros riesgos virtuales como el ciberbullying, sextorsión, grooming, entre otros. Otra de las aplicaciones dirigida a adolescentes es la App B-Resol (2017), diseñada para que las víctimas o espectadores/as denuncien situaciones de bullying o ciberbyllying a través de la aplicación. Finalmente, la App AgresiónOFF (Xunta de Galicia, 2018), proporciona información para prevenir agresiones sexuales, y también ofrece indicaciones para saber dónde acudir para obtener más apoyo, asesoramiento e información. Sin embargo, ninguna de las aplicaciones disponibles se ha centrado en prevenir el acoso y abuso sexual basado en imágenes online autoproducidas por adolescentes, que representan prácticas de ciberacoso que está expandiéndose y poniendo sobre la mesa las peligrosas consecuencias del intercambio de imágenes de contenido sexual en el colectivo de adolescentes maximizado por la baja percepción de riesgo y la asunción de inocuidad vinculada a estas prácticas.

5. CONCLUSIÓN

Consideramos que se ha prestado poca atención a las formas en que el colectivo adolescente utiliza las TIC para perpetrar violencia sexual, y también existe una falta de respuesta psicosocioeducativa a las consecuencias negativas que se experimentan en situaciones de producción o distribución de imágenes sexuales no consentidas por la persona protagonista. Por tanto, consideramos que para prevenir estos comportamientos de violencia sexual online los programas de educación sexual y digital, desde un modelo integral, son la mejor herramienta coeducativa para prevenir, concienciar y erradicar las ciberviolencias sexuales y de género en el colectivo adolescente (Lameiras et al., 2021, Rodríguez-Castro et al., 2021b), al mismo tiempo que educamos a nuestros adolescentes en la construcción de relaciones socioafectivas igualitarias y libres de cualquier manifestación de violencia.

6. FINANCICIÓN

El Gobierno de España (Ministerio de Ciencia e Innovación-Programas de Generación de Conocimiento orientado a los Retos de la Sociedad) apoyó este trabajo en la convocatoria 2024 (referencia PID2023-148750OB-I00).

7. REFERENCIAS

Ahmed, S. I., Jackson, S. J., Ahmed, N., Ferdous, H. S., Rifat, M. R., Rizvi, A. S. M., & Mansur, R. S. (2014). Protibadi: A platform for fighting sexual harassment in urban Bangladesh. In *Proceedings of the SIGCHI Conference on Human Factors in Computing Systems* (pp. 2695-2704).

Akash, S. A., Al-Zihad, M., Adhikary, T., Razzaque, M. A., & Sharmin, A. (2016). Hearme: A smart mobile application for mitigating women harassment. In *2016 IEEE International WIE Conference on Electrical and Computer Engineering (WIECON-ECE)* (pp. 87-90). IEEE.

Álvarez, E., Heredia, H., & Romero, M.F. (2019). La Generación Z y las Redes Sociales. Una visión desde los adolescentes en España. *Revista Espacios, 40*(20), 1-13.

Barroso, R., Marinho, A. R., Figueiredo, P., Ramião, E., & Silva, A. S. (2023). Consensual and non-consensual sexting behaviors in adolescence: a systematic review. *Adolescent Research Review, 8*(1), 1-20. https://doi.org/10.1007/s40894-022-00199-0

Barroso, R., Ramião, E., Figueiredo, P., & Araújo, A. M. (2021). Abusive sexting in adolescence: Prevalence and characteristics of abusers and victims. *Frontiers in Psychology, 12,* 1-9. https://doi.org/10.3389/fpsyg.2021.610474

Bärtl, M. (2018). YouTube channels, uploads and views: A statistical analysis of the past 10 years. *Convergence, 24*(1), 16-32. https://doi.org/10.1177/1354856517736979

Berndtsson, K., & Odenbring, Y. (2021). They don't even think about what the girl might think about it': students' views on sexting, gender inequalities and power relations in school. *Journal of Gender Studies, 30*(1), 91-101. https://doi.org/10.1080/09589236.2020.1825217

Brighi, A., Amadori, A., Summerer, K., & Menin, D. (2023). Prevalence and risk factors for nonconsensual distribution of intimate images among Italian young adults: Implications for prevention and intervention. *International Journal of Clinical and Health Psychology, 23*(4), 100414. https://doi.org/10.1016/j.ijchp.2023.100414

Burnell, K., George, M. J., Kurup, A. R., & Underwood, M. K. (2021). Ur a freakin goddess! Examining appearance commentary on Instagram. *Psychology of Popular Media, 10*(4), 422. https://doi.org/10.1037/ppm0000341

Dimond, J. P., Dye, M., LaRose, D., & Bruckman, A. S. (2013). Hollaback! The role of storytelling online in a social movement organization. In *Proceedings of the 2013 conference on Computer supported cooperative work* (pp. 477-490).

Dragiewicz, M., Burgess, J., Matamoros-Fernández, A., Salter, M., Suzor, N. P., Woodlock, D., & Harris, B. (2018). Technology facilitated coercive control: Domestic violence and the competing roles of digital media platforms. *Feminist Media Studies, 18*(4), 609-625.

Englander, E. K., & McCoy, M. (2017). Pressured sexting and revenge porn in a sample of Massachusetts adolescents. *International Journal of Technoethics, 8*(2), 16-25. https://doi.org/10.4018/IJT.2017070102

Finkelhor, D., Turner, H., Colburn, D., Mitchell, K., & Mathews, B. (2023). Child sexual abuse images and youth produced images: The varieties of image-based sexual exploitation and abuse of children. *Child Abuse & Neglect*, 143, 106269. https://doi.org/10.1016/j.chiabu.2023.106269

Frankel, A. S., Bass, S. B., Patterson, F., Dai, T., & Brown, D. (2018). Sexting, risk behavior, and mental health in adolescents: An examination of 2015 pennsylvania youth risk behavior survey data. *Journal of School Health, 88*(3), 190-199. https://doi.org/10.1111/josh.12596

Gámez -Guadix, M., & Mateos-Pérez, E. (2019). Longitudinal and reciprocal relationships between sexting, online sexual solicitations, and cyberbullying among minors. *Computers in Human Behavior, 94*, 70-76. https://doi.org/10.1016/j.chb.2019.01.004

Gámez-Guadix, M., Mateos-Pérez, E., Wachs, S., Wright, M., Martínez, J., & Íncera, D. (2022). Assessing image-based sexual abuse: Measurement, prevalence, and temporal stability of sextortion and nonconsensual sexting ("revenge porn") among adolescents. *Journal of Adolescence, 94*(5), 789-799. https://doi.org/10.1002/jad.12064

Gassó, A. M., Mueller-Johnson, K., & Montiel, I. (2020). Sexting, online sexual victimization, and psychopathology correlates by sex: Depression, Anxiety, and Global Psychopathology. International *Journal of Environmental Research and Public Health, 17*(3), 1018. https://doi.org/10.3390/ijerph17031018

Gewirtz-Meydan, A., Mitchell, K. J., & Rothman, E. F. (2018). What do kids think about sexting? *Computers in Human Behavior, 86,* 256-265. https://doi.org/10.1016/j.chb.2018.04.007

Gray, L. (2018). Exploring how and why young people use social networking sites. *Educational Psychology in Practice, 34*(2), 175-194. https://doi.org/10.1080/02667363.2018.1425829

Hayes, R. M., & Dragiewicz, M. (2018). Unsolicited dick pics: Erotica, exhibitionism or entitlement?. *Women's Studies International Forum,* 71, 114-120. https://doi.org/10.1016/j.wsif.2018.07.001

Henry, N., & Powell, A. (2018). Technology-facilitated sexual violence: A literature review of empirical research. *Trauma, Violence, & Abuse, 19*(2), 195-208. https://doi.org/10.1177/1524838016650189

IAB Spain. (2023). Estudio de Redes Sociales 2023. *IAB Spain.* https://iabspain.es/estudio/estudio-de-redes-sociales-2023/

Instituto Nacional de Estadística (INE). (2024). *Encuesta sobre Equipamiento y Uso de Tecnologías de Información y Comunicación en los Hogares.* https://ine.es/dyngs/Prensa/en/TICH2024.htm

Kelly L. (1988). *Surviving sexual violence.* Polity Press.

Lameiras, M., Martínez, R., Carrera, M. V., & Rodríguez, Y. (2021). Sex education in the spotlight: what is working? Systematic review. *International Journal of Environmental Research and Public Health, 18*(5), 2555. https://doi.org/10.3390/ijerph18052555

Lameiras, M., Rodríguez, Y., & Adá, A. (2022). *El cuerpo del delito: la cosificación sexual de las mujeres.* Tirant lo Blanch.

Liss, M., Erchull, M.J., & Ramsey, L.R. (2011). Empowering or oppressing? Development and exploration of the Enjoyment of Sexualization Scale. *Personality and Social Psychology Bulletin, 37*(1) 55-68. https://doi.org/10.1177/0146167210386119

Madigan S., Ly A., Rash C. L., Van Ouytsel J., & Temple J. R. (2018). Prevalence of multiple forms of sexting behavior among youth: A systematic Review and Meta-analysis. *JAMA Pediatrics, 172*(4), 327-335. https://doi.org/10.1001/jamapediatrics.2017.5314

Mandau, M. B. H. (2020). Homosocial positionings and ambivalent participation: A qualitative analysis of young adults' non-consensual sharing and viewing of privately produced sexual images. *Journal of Media and Communication Research, 36*(67), 055-075. https://doi.org/10.7146/mediekultur.v36i67.113976

McGlynn C., Johnson K., Rackley E., Henry N., Powell A., Gavey N., & Flynn A. (2021). 'It's torture for the soul': The harms of image-based sexual abuse. *Social & Legal Studies, 30*(4), 541-562. https://doi.org/10.1177/0964663920947791

McGlynn, C., & Rackley, E. (2017). Beyond 'revenge porn': The continuum of image-based sexual abuse. *Feminist Legal Studies, 25*, 25-46. https://doi.org/10.1007/s10691-017-9343-2

Mishna, F., Milne, E., Cook, C., Slane, A., & Ringrose, J. (2023). Unsolicited sexts and unwanted requests for sexts: Reflecting on the online sexual harassment of youth. *Youth & Society, 55*(4), 630-651. https://doi.org/10.1177/0044118X211058226

Molla-Esparza, C., Nájera, P., López-González, E., & Losilla, J. M. (2023). Sexting behavior predictors vary with addressee and the explicitness of the sexts. *Youth & Society, 55*(4), 749-771. https://doi.org/10.1177/0044118X231158138

Mori, C., Cooke, J. E., Temple, J. R., Ly, A., Lu, Y., Anderson, N., & Madigan, S. (2020). The prevalence of sexting behaviors among emerging adults: A meta-analysis. *Archives of Sexual Behavior, 49*, 1103-1119. https://doi.org/10.1007/s10508-020-01656-4

Mori, C., Park, J., Temple, J. R., & Madigan, S. (2022). Are youth sexting rates still on the rise? A meta-analytic update. *Journal of Adolescent Health, 70*(4), 531-539. https://doi.org/10.1016/j.jadohealth.2021.10.026

Navarro Pérez, J. J., Morillo Tena, P., Oliver Germes, A., & Carbonell Marqués, Á. (2018). Trabajo Social e interdisciplinariedad en el diseño de App interactiva para la detección de actitudes sexistas, mitos del amor romántico y prevención de violencias en relaciones sentimentales de adolescentes. *Revista de Servicios Sociales y Política Social, 35*(116), 37-53

Observatorio Nacional de Tecnología y Sociedad (ONTSI).(2022). *El uso de la tecnología por los menores en España.* Ministerio de Asuntos Económicos y Transformación Digital.

Oswald, F., Lopes, A., Skoda, K., Hesse, C. L., & Pedersen, C. L. (2020). I'll show you mine so you'll show me yours: Motivations and personality variables in photographic exhibitionism. *The Journal of Sex Research, 57*(5), 597-609. https://doi.org/10.1080/00224499.2019.1639036

Patchin, J. W., & Hinduja, S. (2020). Sextortion among adolescents: Results from a national survey of US youth. *Sexual Abuse, 32*(1), 30-54. https://doi.org/10.1177/1079063218800469

Powell, A., & Henry, N. (2017). Online Misogyny, Harassment and Hate Crimes. In: *Sexual Violence in a Digital Age. Palgrave Studies in Cybercrime and Cybersecurity*. Palgrave Macmillan. https://doi.org/10.1057/978-1-137-58047-4_6

Powell, A., Henry, N., Flynn, A., & Scott, A. J. (2019). Image-based sexual abuse: The extent, nature, and predictors of perpetration in a community sample of Australian residents. *Computers in Human Behavior, 92*, 393–402. https://doi.org/10.1016/j.chb.2018.11.009

Powell, A., Scott, A. J., Flynn, A., & McCook, S. (2022). Perpetration of image-based sexual abuse: Extent, nature and correlates in a multi-country sample. *Journal of Interpersonal Violence, 37*(23-24), NP22864-NP22889. https://doi.org/10.1177/08862605211072266

Rideout, V., Peebles, A., Mann, S., & Robb, M. B. (2022). *The common Sense Census: Media Use by Tweens and Teens*. https://www.commonsensemedia.org/sites/default/files/research/report/census_researchreport.pdf

Ringrose, J., Milne, B., Mishna, F., Regehr, K., & Slane, A. (2022). Young people's experiences of image-based sexual harassment and abuse in England and Canada: Toward a feminist framing of technologically facilitated sexual violence. *Women's Studies International Forum*, 93, 1-9. https://doi.org/10.1016/j.wsif.2022.102615

Rodríguez-Castro, Y., Alonso., P., Martínez, R., & Adá, A. (2021b). *Ni On Ni OFF. Programa coeducativo de prevención de ciberacoso sexual*. Aranzadi.

Rodríguez-Castro, Y., Alonso-Ruido, P., Lameiras-Fernández, M., & Faílde-Garrido, J. M. (2018). Del sexting al cibercontrol en las relaciones de pareja de adolescentes españoles: análisis de sus argumentos. *Revista Latinoamericana de Psicología, 50*(3), 170-178. https://doi.org/10.14349/rlp.2018.v50.n3.4

Rodríguez-Castro, Y., Martínez, R., Alonso, P., Adá, A., & Carrera, M. V. (2021a). Intimate partner cyberstalking, sexism, pornography, and sexting in adolescents: new challenges for sex education. *International Journal of Environmental Research and Public Health, 18*(4), 2181. https://doi.org/10.3390/ijerph18042181

Salter, M. (2017). Privates in the online public: Sex(ting) and reputation on social media. *New media & society, 18*(11), 2723-2739. https://doi.org/10.1177/1461444815604133

Sarosh, M. Y., Yousaf, M. A., Javed, M. M., & Shahid, S. (2016, June). Mehfoozaurat: Transforming smart phones into women safety devices against harassment. In *Proceedings of the Eighth International Conference on Information and Communication Technologies and Development* (pp. 1-4).

Save the Children. (2024). *Informe sobre el uso de Internet entre adolescentes. Save the Children España.* https://www.savethechildren.es/notasprensa/nuevo-informe-casi-9-de-cada-10-adolescentes-se-conectan-varias-veces-al-dia-internet-o

Setty, E. (2019). Meanings of bodily and sexual expression in youth sexting culture: Young women's negotiation of gendered risks and harms. *Sex Roles, 80*(9-10), 586-606. https://doi.org/10.1007/s11199-018-0957-x

Sharma, S. K., & Ranjana, P. (2022, April). Women Safety-Saviour Android Application. In *2022 2nd International Conference on Advance Computing and Innovative Technologies in Engineering (ICACITE)* (pp. 1552-1556).

Silva, Y. N., Rich, C., Chon, J., & Tsosie, L. M. (2016, August). BullyBlocker: An app to identify cyberbullying in facebook. In *2016 IEEE/ACM International Conference on Advances in Social Networks Analysis and Mining (ASONAM)* (pp. 1401-1405). IEEE.

Sohini, R., Sharma, A., & Bhattacharya, U. (2015, August). MoveFree: A ubiquitous system to provide women safety. In *Proceedings of the third international symposium on women in computing and informatics* (pp. 545-552).

UNICEF. (2021). *Impacto de la tecnología en la adolescencia: Relaciones, riesgos y oportunidades. UNICEF España.* https://www.unicef.es/publicacion/impacto-de-la-tecnologia-en-la-adolescencia

Van Ouytsel, J., Lu, Y., Ponnet, K., Walrave, M., & Temple, J. R. (2019). Longitudinal associations between sexting, cyberbullying, and bullying among adolescents: Cross-lagged panel analysis. *Journal of Adolescence,* 73, 36-41. https://doi.org/10.1016/j.adolescence.2019.03.008

Viswanath, K., & Basu, A. (2015). SafetiPin: an innovative mobile app to collect data on women's safety in Indian cities. *Gender & Development, 23*(1), 45-60. https://doi.org/10.1080/13552074.2015.101366

Capítulo 4

Violencia sexual basada en la imagen: manifestaciones, consecuencias y prevención en la adolescencia

JONE MARTÍNEZ-BACAICOA
Universidad Autónoma de Madrid
MARIANA ALONSO-FERNÁNDEZ
Universidad Autónoma de Madrid
ESTIBALIZ MATEOS PÉREZ
Universidad del País Vasco
MANUEL GÁMEZ-GUADIX
Universidad Autónoma de Madrid

1. EVOLUCIÓN DE LA VIOLENCIA SEXUAL BASADA EN LA IMAGEN

En diciembre de 1953 el primer número de la revista pornográfica *Playboy* veía la luz. En su interior se encontraba la clave de su éxito: imágenes inéditas de Marilyn Monroe desnuda. Lo que muchas personas no sabían en ese momento es que Marilyn nunca dio el consentimiento para aparecer en esa publicación. Sus fotos fueron realizadas años antes, en una época en la que la actriz aún no había alcanzado la fama y atravesaba una situación económica de precariedad. Marilyn posó desnuda a cambio de una cifra modesta de dinero y firmó con un seudónimo para salvaguardar su identidad. Años más tarde, cuando la actriz alcanzaba uno de los puntos más altos de su carrera, el fundador de *Playboy*, Hugh Henfer, compró las fotografías por una cifra muy superior de dinero y las publicó sin su autorización. Este es el primer caso documentado de lo que muchos años después se denominó "pornografía no consentida", una de las muchas formas existentes de violencia sexual (Franks, 2024). Playboy no fue el único medio que empleó imágenes sexuales de mujeres sin su consentimiento. Durante la década de los ochenta, otras revistas pornográficas continuaron publicando fotografías robadas de desnudos, contribuyendo de esta forma a la construcción de un imaginario colectivo que justificaba la cosificación de la mujer (Maddocks, 2018).

A pesar de la gravedad de estos incidentes, la violencia sexual basada en la imagen (VSBI) no comenzó a ser propiamente estudiada hasta que su alcance y consecuencias se vieron amplificadas por el desarrollo de Internet. El avance de la tecnología permitió a los individuos abandonar su posición de observadores, dándoles la oportunidad de participar activamente en estas dinámicas de abuso intercambiando y distribuyendo contenido sexual en el entorno *online*. De hecho, muchas académicas sitúan el origen de la VSBI en la década de 2010, a raíz del surgimiento de la web *Is Annyone Up?* (Bleakley y McCarthy, 2024). Aunque fue creada con el objetivo de reseñar discotecas y locales nocturnos, esta plataforma acabó convirtiéndose en un lugar en el que los usuarios difundían, sin consentimiento, imágenes de carácter sexual junto con información identificativa de la persona retratada. Estos datos no solo facilitaban que potenciales acosadores contactaran con las mujeres, sino que aumentaba la visibilidad de la web al hacer que las publicaciones aparecieran cada vez que se buscaba el nombre de la víctima en Internet. Todo ello contribuyó a que la popularidad de la web aumentase rápidamente, llegando a recibir hasta 35000 fotos semanales apenas un año después de su aparición (Stroud, 2014).

En 2012, tras dieciséis meses de funcionamiento, *IsAnnyoneUp?* cerró. No obstante, para entonces ya existían muchas webs que replicaban sus dinámicas y la desaparición de esta página no supuso el fin de una problemática que no paró de evolucionar (Stroud, 2014). En 2017 un usuario de la plataforma Reddit publicó una serie de imágenes manipuladas con inteligencia artificial (IA) en las que aparecían rostros de distintas celebridades con cuerpos de actrices porno, evidenciando que ya era posible generar y obtener fotos sexualizadas de cualquier mujer (Flynn et al., 2022).

En la actualidad, la omnipresencia de los *smartphones*, el acceso ilimitado a datos móviles y el desarrollo de la IA ha hecho que sacar, distribuir, e incluso crear fotos sexuales sin consentimiento sean prácticas accesibles para cualquier persona con acceso a Internet. De hecho, actualmente este tipo de prácticas ya no se dan exclusivamente en foros o páginas web específicas, sino que se han extendido a aplicaciones y canales de comunicación de uso popular (Semenzin, 2020). Un ejemplo reciente de ello lo encontramos el pasado enero de 2024, cuando la plataforma X se llenó de fotos manipuladas y sexualizadas de la cantante Taylor Swift, evidenciando que la violencia sexual *online* no se encuentra necesariamente escondida en un rincón de Internet. La cuenta que publicó las fotos de Taylor Swift fue suspendida ese mismo día, pero las imágenes ya habían sido vistas por millones de usuarios y difundidas en distintas plataformas de Internet (Kira, 2024).

Controlar el contenido una vez se publica es cada vez más complicado ya que prácticamente todas las redes sociales ofrecen la opción de "reenviar" o "compartir" (Boyd, 2014). Además, aun cuando las imágenes se eliminan, existe el riesgo de que otros usuarios hayan hecho capturas de pantalla o las hayan descargado, manteniendo latente la posibilidad de que estas se puedan compartir. Las redes sociales cuentan, además, con características que favorecen que este contenido gane visibilidad. Aplicaciones como *Instagram*, *Snapchat* o *TikTok* cuentan con algoritmos que favorecen que este contenido gane visibilidad, mostrándoselo a los usuarios de manera preferente, especialmente si interactúan con él (Ringrose et al., 2024). Esto es especialmente problemático si tenemos en cuenta que los principales usuarios de estas redes sociales son adolescentes de edades cada vez más tempranas que, a base de encontrarse con este contenido a diario, lo acaban percibiendo como algo normal (Ringrose, Regehr y Milne, 2021). Además, estas plataformas son también espacios donde los adolescentes construyen y experimentan su sexualidad, por lo que un uso inadecuado de las mismas podría hacer que prácticas de exploración habituales como el *sexting*—el intercambio consentido de imágenes sexuales a través de dispositivos digitales — deriven en dinámicas de abuso y control (Gámez-Guadix et al., 2022). Este capítulo abordará las principales manifestaciones de VSBI en adolescentes, recopilando la evidencia existente sobre sus dinámicas, consecuencias y prevención.

2. MANIFESTACIONES DE VIOLENCIA SEXUAL BASADA EN LA IMAGEN

La VSBI es un ejemplo de cómo la tecnología facilita que surjan nuevas manifestaciones de violencia sexual (Huber et al., 2023). Estas manifestaciones, lejos de ser actos aislados, forman parte de un continuo de experiencias de violencia interconectadas que responden a las mismas lógicas de desigualdad y control (Kelly, 1987). Entender la VSBI como un continuo permite abarcar las nuevas manifestaciones de abuso digital que surgen y, al mismo tiempo, reconocer dos elementos comunes en todas ellas: la naturaleza sexual de las imágenes involucradas y las diferencias de género en las experiencias de perpetración y victimización (McGlynn et al., 2017). Partiendo de esta conceptualización, encontramos cinco formas de VSBI: 1) envío no solicitado de imágenes sexuales; 2) presión para enviar imágenes sexuales; 3) toma o creación no consentida de imágenes sexuales; 4) amenazas de difusión de imágenes sexuales y 5) difusión no consentida de imágenes sexuales (Ringrose, Regehr y Milne, 2021).

2.1. Envío no solicitado de imágenes sexuales (cyberflashing)

El *cyberflashing* ("ciber-exhibicionismo"), es una de las formas de VSBI más prevalentes entre los adolescentes. Aunque esta práctica incluye el envío no autorizado de cualquier imagen de carácter sexual, la forma más común de *cyberflashing* son las *dickpics* ("foto pollas") (McGlynn y Johnson, 2021). No es de extrañar, por tanto, que las investigaciones encuentren diferencias de género significativas en esta práctica, siendo las chicas las principales víctimas y los chicos quienes ejercen la agresión (Martínez-Román et al., 2025).

La evidencia empírica también muestra diferencias en la manera en la que chicos y chicas reaccionan ante este tipo de contenido sexual. Mientras ellas suelen experimentar incomodidad, vergüenza y desagrado, ellos tienden a percibirlo de forma positiva y a interpretar la situación como una oportunidad para ligar (Karasavva et al., 2022). Esto explicaría por qué una de las razones que dan los adolescentes para justificar su envío de *dickpics* es que piensan que la persona se sentirá halagada al recibirlas, aun cuando no existan evidencias de que esto no sea así (Karasavva et al., 2023). En este sentido, parece que hay jóvenes que interpretan las reacciones de rechazo de las chicas como un producto del miedo que tienen a ser juzgadas como "guarras", y no tanto como una verdadera muestra de repulsión (Mandau, 2020a). Además, muchos chicos consideran que el enviar fotos sexuales en primer lugar es una buena estrategia para poder pedirlas después. De hecho, es común que las *dickpics* se acompañen de peticiones de envío de fotos sexuales, pudiendo dar lugar a lo que se conoce como "*sexting* bajo presión" (Ringrose, Regehr y Milne, 2021).

A pesar del malestar que les genera, la respuesta más común de las víctimas es bloquear a quien envía las imágenes o ignorar la situación (Ringrose, Regehr y Whitehead, 2021). Esto puede deberse a que este comportamiento se ha normalizado tanto que no se percibe como una forma de abuso, pero también a la dificultad para denunciar. En este sentido, los chicos suelen mandar *dickpics* en las que no se les ve la cara, lo cual dificulta su identificación. Además, las plataformas más comunes para este tipo de prácticas (p.ej., *Snapchat*) notifican a quien envía la foto de que se ha hecho captura de pantalla, lo cual puede suponer un impedimento a la hora de recopilar las pruebas necesarias para poder denunciar (Ringrose, Regehr y Whitehead, 2021). Todo esto pone en manifiesto que todavía son necesarios esfuerzos en materia de prevención.

2.2. Presión para enviar imágenes sexuales (sexting coaccionado)

El *sexting* coaccionado o bajo presión alude al uso de chantajes, amenazas o cualquier forma de presión para conseguir que otra persona comparta imágenes de carácter sexual. Esta presión puede aparecer en relaciones de pareja aludiendo a que "es lo normal", después de haber recibido fotos no solicitadas (*cyberflashing*) bajo la premisa de que debe haber un intercambio, o en situaciones donde no ha habido previamente ninguna interacción (Lunde y Joleby, 2023).

Aunque cualquier adolescente puede experimentar y ejercer presión para practicar *sexting*, las investigaciones señalan que son las chicas quienes generalmente sufren esta forma de abuso y los chicos quienes la ejercen (Henry y Beard, 2024; Wachs et al., 2021). En estos casos, parece que ellos podrían ejercer y acceder a este tipo de peticiones para demostrar que son sexualmente activos y válidos, mientras que ellas lo harían por miedo a no satisfacer las necesidades de los demás (Lunde y Joleby, 2023). Esto encaja con la idea de que los chicos usan las imágenes de las chicas para reforzar su masculinidad y ganar valor social (Ringrose et al., 2022), y también con los hallazgos de estudios que indican que las chicas suelen experimentar dificultades para decir que no a este tipo de peticiones, especialmente si provienen de alguien con quien tienen o están iniciando una relación (Mishna et al., 2023).

En cuanto a las consecuencias, los adolescentes que son presionados para enviar fotos sexuales suelen sentirse violentados y pueden experimentar miedo o ansiedad. Además, en los casos en los que han accedido a enviar el contenido sexual, suelen aparecer sentimientos como la vergüenza, el arrepentimiento o el miedo a que las imágenes se puedan filtrar (Lunde y Joleby, 2023). Estas reacciones se acentúan en las chicas (Wachs et al., 2021), probablemente porque cuando son sus fotos las que se difunden su entorno reacciona con burlas, insultos y comentarios culpabilizadores, mientras que en el caso de los chicos la respuesta suele ser de humor (Ringrose et al., 2022). Esto evidencia la existencia de un doble estándar sexual que penaliza con mayor severidad la expresión de la sexualidad femenina, condicionando la libertad de las adolescentes también en el espacio *online.*

Los adolescentes suelen reaccionar a este tipo de peticiones ignorando el incidente, bloqueando la cuenta del agresor o diciéndole que no. No obstante, esto parece que se complica si las peticiones las realiza alguien conocido o una pareja sentimental (Lunde y Joleby, 2023). Estos aspectos reflejan la importancia de seguir poniendo esfuerzos en que los adolescentes comprendan que el consentimiento es imprescindible en cualquier práctica sexual, incluidas las que se están normalizadas en el contexto digital. Así mismo, también pone en manifiesto la necesidad de mejorar los recursos de denuncia a los que pueden acceder los adolescentes ya que, o los desconocen, o prefieren no hacer uso de ellos la hora de hacer frente a estas experiencias de victimización.

2.3. Toma o creación no consentida de imágenes sexuales

La obtención o creación de imágenes íntimas sin el consentimiento o conocimiento de la persona que aparece en ellas es una forma de VSBI en crecimiento. Cada vez hay más aplicaciones y tutoriales que explican cómo obtener imágenes sexuales, generalmente llevando a cabo alguna de estas acciones: grabar/fotografiar contenido íntimo sin que la persona lo sepa (p.ej. grabarla con una webcam), capturar las imágenes sexuales recibidas sin autorización (p.ej., hacer una captura de pantalla de una imagen que la víctima solo quería mostrar una vez), fotografiar/grabar la ropa interior (*upskirting*) y el escote (*downblousing*) de chicas sin que lo sepan, o manipular imágenes y sexualizarlas con ayuda de programas de edición convencionales (c*heapfakes*) o de IA (*deepfakes*) (Flynn et al., 2022).

Aunque cualquiera cuya foto aparezca en Internet puede ser víctima de esta forma de VSBI, la investigación refleja que las chicas son las principales afectadas y que los chicos suelen ostentar el rol de perpetrador (McGlynn, Johnson, Rackley et al., 2021). En cuanto a las consecuencias, si bien es cierto que muchas de las víctimas no saben que su imagen ha sido fotografiada, grabada o modificada sin permiso, aquellas que son conscientes suelen experimentar una fuerte reacción emocional. Concretamente, suelen aparecer sentimientos de vergüenza, miedo intenso a que las imágenes se difundan e incertidumbre constante sobre quién las llegará a ver (Citron, 2018). Este malestar puede prolongarse en el tiempo y afectar a distintas áreas de la vida de la víctima como la amorosa o la laboral (Flynn et al., 2022). Las razones que llevan a alguien a ejercer esta forma de violencia son diversas, pero los estudios señalan que una de las más comunes es la búsqueda de diversión. También existen otras motivaciones, como controlar, avergonzar o vengarse de la víctima, tratar de impresionar a los demás o tener material para intercambiar (Henry y Beard, 20225). Además, estudios recientes señalan que los adolescentes han comenzado a usar la IA para manipular y sexualizar fotos de chicas que conocen y usarlas para su propio disfrute sexual (Martínez-Román et al., 2025). Esto refleja que los adolescentes no siempre son capaces de etiquetar estas dinámicas como "violencia", si no que las consideran practicas divertidas que les permiten ganar popularidad.

2.4. Amenazas de difusión de imágenes sexuales (sextorsión)

La *sextorsión* implica hacer amenazas vinculadas al reenvío de contenido sexual. A diferencia del *sexting* bajo presión, la *sextorsión* no siempre tiene como fin obtener imágenes íntimas; en muchos casos, su objetivo es económico o está orientado a forzar a la víctima a cumplir con alguna petición (Patchin e Hinduja, 2020). De hecho, que esta práctica busque en muchas ocasiones beneficios materiales y no exclusivamente sexuales podría explicar que, a diferencia de otras formas de VSBI, en la *sextorsión* no se observen diferencias de género claras en las experiencias de victimización. Aun así, la mayoría de las investigaciones coinciden en señalar que los agresores suelen ser hombres con los que las que la víctima mantiene algún tipo de relación (Ray y Henry, 2025).

Los sextorsionadores pueden haber obtenido el material sexual de muchas maneras. Por ejemplo, podrían haberlo recibido directamente de la víctima en un intercambio consensuado de imágenes o haberlo obtenido tras ejercer algún tipo de presión. También existe la posibilidad de que estas imágenes hayan sido robadas (p.ej., hackeando el ordenador de la víctima), sacadas sin permiso, o creadas y manipuladas con ayuda de IA. Aunque este contenido no tiene por qué ser difundido, los estudios reflejan que existe relación entre las amenazas con difundir contenido sexual y su posterior distribución (Gámez-Guadix et al., 2022, 2023)

Las víctimas de *sextorsión* experimentan importantes emociones negativas, como ansiedad, depresión, o culpa (Ray y Henry, 2025). En algunos casos, este malestar puede llevarlas a pasar menos tiempo en Internet, a cerrar sus redes sociales e incluso a presentar ideación suicida e intentos de autolesión (Walsh y Tener, 2023). A pesar de ello, las víctimas de *sextorsión* tampoco suelen denunciar estos incidentes por la vergüenza, la culpa o el miedo a las repercusiones sociales que pueden tener (Ray y Henry, 2025). En este sentido, los adolescentes podrían evitar confiar estas experiencias a sus padres por temor a las represalias, lo cual explica que elijan a sus amigos en caso de querer compartir su situación (Patching e Hinduja, 2018). Esto muestra, de nuevo, la necesidad de abordar las posibles barreras que encuentran los adolescentes a la hora de pedir ayuda o denunciar sus experiencias de victimización.

2.5. Difusión no consentida de imágenes sexuales

El *sexting* no consentido o "pornografía no consentida" es una manifestación de VSBI que incluye cualquier forma de distribución no autorizada de contenido sexual. Esta difusión puede darse a través de canales públicos, como páginas web específicamente diseñadas para ello (Máas et al., 2021), o privados, como conversaciones o grupos a los que no todo el mundo puede acceder (Martínez-Román et al., 2025). En ocasiones, el material no se distribuye en Internet, sino que se lo enseñan unos a otros en la pantalla de los móviles evitando que quede constancia de que han mostrado la imagen sin autorización (Mandau, 2020b). La investigación existente señala que la difusión en webs públicas suele realizarse con la intención de dañar a la persona, mientras que mostrar las imágenes a grupos de amigos suele tener el fin de socializar, compartir impresiones y ganar popularidad (Henry y Flynn, 2019; Naezer y Van Oosterhout, 2021).

En cuanto a las diferencias de género, la literatura coincide en señalar a los chicos como los principales perpetradores, pero no siempre encuentra diferencias claras en lo que respecta a la victimización (p.ej., Pedersen et al., 2023). A pesar de ello, existen motivos que reflejan que se trata de una práctica que afecta especialmente a la mujer. Por ejemplo, la mayor parte de contenido sexual difundido sin consentimiento y disponible en páginas de Internet retrata cuerpos de mujeres, y en el caso de que haya imágenes de hombres, reciben mucha menos atención. De hecho, hay plataformas que explicitan que está prohibido publicar *dickpics* o contenido masculino, lo cual evidencia que esta práctica perjudica y cosifica especialmente a la mujer (Henry y Flynn, 2019). Por otro lado, aunque tanto chicos como chicas pueden llegar a distribuir fotos sin consentimiento, ellas suelen hacerlo para pedir información o consejo sobre la persona que sale en la foto, y ellos para puntuar a las chicas y satisfacer su deseo sexual (Martínez-Román et al., 2025). Esto evidencia que existen dinámicas diferenciales en función del género a las que es necesario atender.

Experimentar esta forma de violencia puede tener graves repercusiones a nivel psicológico (p.ej., ansiedad, depresión, perdida de autoestima), físico (p.ej., ideación suicida, autolesiones) y social (p.ej., daño en la reputación, rechazo, aislamiento) (Huber y Ward, 2025). Además, en el caso de las chicas, se ha observado que tienden a culpabilizarse y a atribuir la situación a errores propios o a su ingenuidad (Mandau, 2020b), así como a sentirse avergonzadas y preocupadas porque sus padres se lleguen a enterar (McGlynn, Johnson, Rackley et al., 2021). Esto refleja que las narrativas que tienden a culpabilizar a las mujeres de las agresiones sexuales que sufren están siendo interiorizadas por las adolescentes, contribuyendo a aumentar su malestar.

3. PREVENCIÓN DE LA VIOLENCIA SEXUAL BASADA EN LA IMAGEN

Llegado este punto, queda claro que la VSBI no es una problemática derivada exclusivamente de la tecnología ni una cuestión esencialmente distinta de la violencia sexual offline, sino una problemática social amplificada por las características de los medios digitales. Dado que el uso de estos medios es especialmente frecuente entre adolescentes, no es de extrañar que la investigación haya observado que la VSBI afecta con mayor frecuencia a este grupo poblacional. Esto, sumado a la etapa evolutiva en la que se encuentran, hace que los jóvenes sean especialmente propensos a replicar estas conductas y a sufrir los daños asociados con su victimización (Miguel-Álvaro et al., 2024).

Mitigar la incidencia y el impacto de la VSBI es importante no solo por las repercusiones negativas que tiene para los adolescentes, sino también porque su existencia contribuye a hacer de Internet un lugar en el que se continúa discriminando y cosificando a la mujer. De hecho la posibilidad de ser violentadas lleva a algunas mujeres a limitar su participación o incluso a abandonar determinados espacios *online*, perpetuando así la desigualdad de género estructural (Nadim y Fladmoe, 2021).

Los estudios con los que contamos reflejan que todavía hacen falta muchos esfuerzos en materia de prevención, y destacan que estos han de contemplar tanto las raíces sociales de esta problemática como su carácter digital. A continuación, se ofrecen algunas recomendaciones basadas en la evidencia disponible (ver Minsha et al., 2023; Ringrose, Regehr y Milne, 2021; Wachs et al., 2021):

La investigación ha demostrado que las estrategias basadas en el control parental, la restricción tecnológica o la prohibición, lejos de prevenir, deterioran la comunicación y refuerzan el silencio en situaciones de riesgo. De manera similar, las intervenciones centradas en condenar el *sexting* y señalar sus riesgos, se han demostrado ineficaces e incluso contraproducentes, ya que fomentan la idea de que los adolescentes son culpables de sus propias experiencias de victimización. Dado que los jóvenes solo compartirán sus inquietudes y problemas si tienen la seguridad de que no serán juzgados por practicar o haber practicado *sexting*, es fundamental que padres y educadores traten esta práctica con normalidad. Esto no implica que haya que presentar el *sexting* como algo necesario o deseable en sí mismo, sino como una elección válida y personal.

- La prevención debe poner el foco en los factores asociados con la perpetración y alejarse de discursos que colocan la responsabilidad en las potenciales víctimas, ya que esto solo contribuye a su posterior culpabilización. De esta manera, los esfuerzos preventivos deben abordar las dinámicas de género que sustentan estas formas de abuso, y brindar a los adolescentes las herramientas necesarias para identificarlas y etiquetarlas como lo que son: formas de violencia. Es imprescindible que los adolescentes entiendan que usar contenido sexual sin consentimiento no es algo "normal" ni "divertido", sino una conducta abusiva y dañina que, además, puede tener consecuencias penales para quien la ejecuta. Además, las personas jóvenes son especialmente vulnerables a la aprobación social, lo cual podría llevarlos a involucrarse en actos que saben que no son adecuados solo para encajar. Por tanto, también es importante enseñar a los jóvenes a rechazar formar parte de dinámicas abusivas, y dotarles de habilidades para intervenir cuando sean testigos de alguna forma de VSBI.

- Dado que muchas de las consecuencias de la VSBI se ven acentuadas por las posibilidades que ofrece la tecnología, es recomendable que tanto padres como educadores estén informados sobre las posibilidades que ofrecen las plataformas que usan los adolescentes (p.ej., reenviar, hacer captura de pantalla, etc.). Este conocimiento es clave a la hora de orientarles sobre cómo practicar *sexting* de forma segura (p.ej., no incluir elementos que permitan la identificación en las fotos, usar plataformas que no permitan hacer capturas de pantalla y eliminen la imagen, aclarar que el contenido enviado es privado e intransferible) y de informarles sobre cómo actuar en caso de que tengan algún problema (p.ej., guardar evidencias, acudir a un adulto, etc.). En este sentido, también resulta fundamental que las redes sociales evolucionen y ofrezcan mecanismos eficaces para el proceso de denuncia, ya que los adolescentes perciben que las herramientas actuales que aportan las redes sociales son insuficientes a la hora de denunciar.

4. AGRADECIMIENTOS/APOYOS

Este trabajo ha contado con el apoyo del Ministerio de Ciencia e Innovación (Proyecto PID2022-140195NB-I00).

5. REFERENCIAS

Bleakley, P., y McCarthy, K. (2024). The appeal of abuse: the public popularity of online image-based abuse in the early 2010s. *Sexuality & Culture, 28*(3), 964-982.

Boyd, D. (2014). *It's Complicated: The Social Lives of Networked Teens.* Yale University Press.

Citron, D. K. (2018). Sexual privacy. *The Yale Law Journal,* 128, 1870.

Flynn, A., Powell, A., Scott, A. J., y Cama, E. (2022). Deepfakes and digitally altered imagery abuse: A cross-country exploration of an emerging form of image-based sexual abuse. *The British Journal of Criminology, 62*(6), 1341-1358.

Franks, M. A. (2024). The Criminalization of Non-consensual Pornography in the United States. *Criminalizing Intimate Image Abuse: A Comparative Perspective,* 169.

Gámez-Guadix, M., Mateos-Pérez, E., Wachs, S., Wright, M., Martínez, J., y Íncera, D. (2022). Assessing image-based sexual abuse: Measurement, prevalence, and temporal stability of sextortion and non-consensual sexting ("revenge porn") among adolescents. *Journal of Adolescence, 94*(5), 789–799.

Gámez-Guadix, M., Sorrel, M. A., y Martínez-Bacaicoa, J. (2023). Technology-facilitated sexual violence perpetration and victimization among adolescents: A network analysis. *Sexuality Research And Social Policy, 20*(3), 1000-1012.

Henry, N., y Beard, G. (2024). Image-based sexual abuse perpetration: a scoping review. *Trauma, Violence, & Abuse, 25*(5), 3981-3998.

Henry, N., y Flynn, A. (2019). Image-based sexual abuse: Online distribution channels and illicit communities of support. *Violence Against Women, 25*(16), 1932-1955.

Huber, A. (2023). 'A shadow of me old self': The impact of image-based sexual abuse in a digital society. *International Review of Victimology, 29*(2), 199-216.

Huber, A. R., y Ward, Z. (2025). Non-consensual intimate image distribution: Nature, removal, and implications for the Online Safety Act. *European Journal of Criminology, 22*(1), 30-50.

Karasavva, V., Brunet, L., Smodis, A., Swanek, J., y Forth, A. (2023). Putting the Y in cyberflashing: Exploring the prevalence and predictors of the reasons for sending unsolicited nude or sexual images. *Computers in Human Behavior, 140,* 107593.

Karasavva, V., Swanek, J., Smodis, A., y Forth, A. (2022). Expectations VS reality: Expected and actual affective reactions to unsolicited sexual images. *Computers in Human Behavior, 130,* 107181.

Kelly, L. (1987). *The Continuum of Sexual Violence.* In: Hanmer, J., Maynard, M. (eds) Women, Violence and Social Control. Explorations in Sociology. Palgrave Macmillan, London.

Kira, B. (2024). When non-consensual intimate deepfakes go viral: The insufficiency of the UK Online Safety Act. *Computer Law & Security Review, 54,* 106024.

Lunde, C., y Joleby, M. (2023). Being under pressure to sext: Adolescents' experiences, reactions, and counter-strategies. *Journal of Research on Adolescence, 33*(1), 188-201.

Maas, M. K., Cary, K. M., Clancy, E. M., Klettke, B., McCauley, H. L., y Temple, J. R. (2021). Slutpage use among US college students: the secret and social platforms of image-based sexual abuse. *Archives of sexual behavior, 50,* 2203-2214.

Maddocks, S. (2018): From Non-consensual Pornography to Image-based Sexual Abuse: Charting the Course of a Problem with Many Names, *Australian Feminist Studies*

Mandau, M. B. H. (2020a). 'Directly in your face': A qualitative study on the sending and receiving of unsolicited 'dick pics' among young adults. Sexuality & Culture, *24*(1), 72-93.

Mandau, M. B. H. (2020b). "Snaps", "screenshots", and self-blame: A qualitative study of image-based sexual abuse victimization among adolescent Danish girls. Journal of Children and Media, *15*(3), 431–447.

Martínez Román, R., Lameiras Fernández, M., Adá Lameiras, A., y Rodríguez Castro, Y. (2025). Analysis of image-based sexual harassment and abuse in adolescents' socio-affective relationships. *Journal of Interpersonal Violence*

McGlynn, C., y Johnson, K. (2021). Criminalising cyberflashing: Options for law reform. *The Journal of Criminal Law*, *85*(3), 171-188.

McGlynn, C., Johnson, K., Rackley, E., Henry, N., Gavey, N., Flynn, A., y Powell, A. (2021). 'It's torture for the soul': The harms of image-based sexual abuse. Social & Legal studies, *30*(4), 541-562.

McGlynn, C., Rackley, E., y Houghton, R. (2017). Beyond 'revenge porn': The continuum of image-based sexual abuse. *Feminist Legal Studies, 25*, 25-46

Miguel-Alvaro, A., Martínez-Bacaicoa, J., Wachs, S., y Gámez-Guadix, M. (2024). Sextortion, Nonconsensual Pornography, and Mental Health Outcomes Across the Lifespan: The Moderating Role of Gender, Age, and Sexual Orientation. *Sexuality Research and Social Policy*, 1-12.

Mishna, F., Milne, E., Cook, C., Slane, A., y Ringrose, J. (2023). Unsolicited sexts and unwanted requests for sexts: Reflecting on the online sexual harassment of youth. *Youth & Society*, *55*(4), 630-651

Nadim, M., y Fladmoe, A. (2021). Silencing women? Gender and online harassment. *Social Science Computer Review*, *39*(2), 245–258.

Naezer, M., y Van Oosterhout, L. (2021). Only sluts love sexting: Youth, sexual norms and non-consensual sharing of digital sexual images. *Journal of Gender Studies*, 30(1), 79-90.

Patchin, J. W., y Hinduja, S. (2020). Sextortion among adoles- cents: Results from a national survey of U.S. youth. *Sexual Abuse: A Journal of Research and Treatment*, *32*(1), 30–54.

Pedersen, W., Bakken, A., Stefansen, K., y von Soest, T. (2023). Sexual victimization in the digital age: A population-based study of physical and image-basedsexual abuse among adolescents. *Archives of Sexual Behavior*, 52(1), 399–410.

Ray, A., y Henry, N. (2025). Sextortion: A Scoping Review. *Trauma, Violence, & Abuse, 26*(1), 138-155.

Ringrose, J., Milne, B., Horeck, T., y Mendes, K. (2024). Postdigital Bodies: Young People's Experiences of Algorithmic, Tech-Facilitated Body Shaming and Image-Based Sexual Abuse during and after the COVID-19 Pandemic in England. *Youth, 4*(3), 1058-1075.

Ringrose, J., Regehr, K., y Milne, B. (2021). *Understanding and combatting youth experiences of image-based sexual harassment and abuse.*

Ringrose, J., Regehr, K., y Whitehead, S. (2021). Teen girls' experiences negotiating the ubiquitous dick pic: Sexual double standards and the normalization of image based sexual harassment. *Sex Roles, 85*(9), 558-576

Ringrose, J., Regehr, K., y Whitehead, S. (2022). 'Wanna trade?': Cisheteronormative homosocial masculinity and the normalization of abuse in youth digital sexual image exchange. *Journal of Gender Studies, 31*(2), 243–261.

Semenzin, S., y Bainotti, L. (2020). The use of Telegram for non-consensual dissemination of intimate images: Gendered affordances and the construction of masculinities. *Social Media+ Society, 6*(4),

Stroud S. R. (2014). The dark side of the online self: A pragmatist critique of the growing plague of revenge porn. *Journal of Mass Media Ethics, 29*, 168-183.

Wachs, S., Wright, M. F., Gamez-Guadix, M., y Döring, N. (2021). How are consensual, non-consensual, and pressured sexting linked to depression and self-harm? The moderating effects of demographic variables. *International Journal of Environmental Research and Public Health, 18*(5), 2597.

Walsh, W. A., y Tener, D. (2022). "If you don't send me five other pictures I am going to post the photo online": A qualita- tive analysis of experiences of survivors of sextortion. *Journal of Child Sexual*

Capítulo 5

Sexting entre adolescentes: prevalencia, implicaciones y prevención

PATRICIA GÓMEZ SALGADO
Universidade de Santiago de Compostela
ANTONIO RIAL BOUBETA
Universidade de Santiago de Compostela

1. INTRODUCCIÓN

El término *sexting* nace de combinar dos términos en inglés *sex* (sexo) y *texting* (enviar mensajes de texto por teléfono), y desde 2023 se ha incorporado al Diccionario de la Lengua Española de la Real Academia Española (RAE), con la definición de envío o intercambio de imágenes o mensajes de texto con un contenido sexual explícito a través de un dispositivo electrónico, especialmente un teléfono celular.

A esta definición, hemos de añadir varios matices para enmarcar el fenómeno que en este capítulo vamos a abordar: el contenido erótico o sexual de los mensajes ha de tener como protagonista a quien lo envía (pues de lo contrario, estaríamos hablando de intercambio de pornografía); podemos hablar de sexting si nos referimos al envío de este tipo de contenido, pero también a la recepción del mismo (diferenciando entonces entre sexting activo y pasivo); y el sexting también puede implicar compartir otro tipo de contenido más allá de imágenes y mensajes de texto, como vídeos, audios, etc.

El sexting es un fenómeno que ha crecido en popularidad en los últimos años (Martínez et al., 2023; Rial et al., 2018; Van Ouytsel et al., 2025), al ritmo de una tecnología cada vez más sofisticada, lo que ha provocado que profesionales de la educación, la psicología, o la salud pongamos el foco en sus posibles implicaciones en el desarrollo social y emocional de los y las adolescentes.

Cuando nos acercamos al fenómeno del sexting, cabe preguntarse si estamos hablando de algo realmente novedoso, o si esto no es más que una reinvención de conductas ya conocidas en el terreno de la sexualidad humana. Como muestra de ello, valga el libro recientemente publicado *Cartas eróticas: Las joyas epistolares más íntimas y pasionales de las grandes figuras de la historia* en el que se compendian correspondencias apasionadas de grandes figuras de la historia como Virginia Woolf, Emilia Pardo Bazán, Oscar Wilde o Goya. Guillaume Apollinaire, por ejemplo, escribe a su amante, Lou: *"Todos los torrentes de mi ser discurrirán en ti; quiero cansarte de todas las formas posibles"*. A lo que ella contesta: *"Te escribo rápido, con la tremenda impaciencia que me produce estar sola en mi pequeña cama, con la luz apagada, y amarte perdidamente"*. Por su parte, Mozart deja escrito a su esposa, Constanze Weber: *"Asea tu adorable nido para mí, que mi pequeño tunante se lo merece, se ha portado bien y sólo quiere poseer tu más hermoso… Imagínate al granuja"*.

Si grandes personajes de nuestra historia practicaron el sexting de la época, es decir, el intercambio epistolar erótico, ¿por qué el sexting actual entre adolescentes es un fenómeno que nos preocupa? La principal diferencia radica en los potenciales riesgos vinculados a compartir contenido de este tipo con otra persona en la era digital. Cabe resaltar que la correspondencia erótica entre estos personajes se ha hecho pública muchos años después de que sucediese, es más, muchos años después de que sus protagonistas hayan fallecido, lo que hace que revelar esta información pueda haber tenido un cierto impacto en su personaje, pero desde luego no en su persona. Hoy en día, mensajes íntimos intercambiados en el contexto del sexting entre adolescentes salen a la luz pocos días o pocas semanas después, lo que puede impactar en el bienestar y el desarrollo de esos/as adolescentes, en su persona en construcción. Además, el nivel de exposición no es el mismo al intercambiar mensajes escritos que si compartimos fotos o vídeos propios de carácter sexual, y el impacto puede ser distinto si el intercambio sucede entre adolescentes o entre personas adultas.

A medida que los riesgos de esta práctica han ido aumentando, la percepción y preocupación social ante este fenómeno también ha ido cambiando, tal y como muestra la propia evolución del nivel de análisis que hemos ido llevando a cabo en los sucesivos estudios realizados por parte de la Unidad de Psicología del Consumidor y Usuario de la Universidad de Santiago de Compostela (USC-Psicom).

2. PREVALENCIA DE SEXTING ENTRE ADOLESCENTES EN GALICIA

En 2011, se publicó el *Informe extraordinario Adolescentes e Internet en Galicia* realizado para el Valedor do Pobo de Galicia, un estudio que contó con la participación de una muestra representativa de 2.339 estudiantes de ESO de Galicia (Valedor do Pobo de Galicia, 2011). Aunque entre sus objetivos estaba conocer las actitudes, percepciones, creencias y hábitos de uso de Internet entre la adolescencia gallega, no se preguntó a los y las adolescentes sobre sexting, muestra de que entonces no era considerado como una práctica notoria entre la población adolescente.

En 2015, llevamos a cabo el *Proxecto Mocidade Online* con la participación de la Consellería de Educación y Ordenación Universitaria, la Agencia para la Modernización Tecnológica de Galicia (Amtega), la Universidad de Santiago de Compostela (USC) y el Valedor do Pobo de Galicia (Valedor do Pobo de Galicia, 2015). Este estudio contó con la participación de más de 44.000 estudiantes de ESO de Galicia y su objetivo principal fue conocer sus hábitos de uso de Internet y Nuevas Tecnologías, así como disponer de datos estimativos del volumen de adolescentes que podrían estar realizando un uso problemático o poco saludable de la Red. Entre los posibles usos peligrosos, se les preguntó si habían enviado a otra persona fotos o vídeos de sí mismos/as de contenido erótico o sexual a través de internet en los últimos 12 meses. El 4% respondió afirmativamente.

En 2021, se publicaron los resultados del estudio sobre el *Impacto de la tecnología en la adolescencia. Relaciones, riesgos y oportunidades. Un estudio comprensivo e inclusivo hacia el uso saludable de las TRIC* desarrollado por UNICEF España en alianza con la USC y el Consejo General de Colegios Profesionales de Ingeniería en Informática, con una muestra representativa de más de 41.000 estudiantes de ESO de España (Andrade et al., 2021). El objetivo general de este estudio fue realizar un diagnóstico de base del uso que las y los adolescentes españoles hacen de Internet, las redes sociales y, por extensión, las TRIC (Tecnologías de la Relación, la Información y la Comunicación), haciendo hincapié en las posibles conductas de riesgo y usos problemáticos. El 8% afirmó practicar sexting activo; y el 26,8% confirmó su participación en sexting pasivo. Asimismo, también se preguntó si les habían presionado o si habían intentado chantajearles para que enviasen fotos o vídeos propios de carácter erótico/sexual. Un 11,4% reconoció haber sentido ese tipo de presiones. Además, al 3,7% les habían chantajeado con publicar o difundir vídeos suyos de carácter erótico/sexual. Se analizaron las posibles diferencias de género, y se encontró que los porcentajes de sexting activo y pasivo eran muy similares, así como los chantajes de publicación o difusión, pero existían 10 puntos de diferencia entre el porcentaje de chicas que habían recibido presiones para enviar este tipo de material (16%) y el de chicos (6,8%). Con relación al curso, el alumnado de 2º ciclo (3º y 4º ESO) estaba involucrado en mayor medida en sexting activo que el de primer ciclo (12% vs. 4%), en sexting pasivo (37% vs. 17%) y también había recibido más presiones para enviar contenido erótico/sexual propio (14,8% vs. 8,1%), mientras que el chantaje de publicación o difusión era similar.

En 2022, la Fundación Barrié en colaboración con la USC desarrollaron el estudio *Adolescencia, tecnología, salud y convivencia: Un estudio integral y proactivo desde los propios adolescentes,* cuyo objetivo general fue disponer de un diagnóstico del uso que las y los adolescentes gallegos hacen de las TRIC, en particular de las redes sociales, los videojuegos y las apuestas, así como de sus posibles implicaciones a nivel de salud, desarrollo personal y convivencia

(Rial, 2022). Este estudio contó con una muestra representativa de algo más de 10.000 estudiantes de ESO y Bachillerato de Galicia. Los porcentajes de sexting activo alcanzaron un 13,1%, y un 28,7% de sexting pasivo. Las presiones o intentos de chantaje para el envío de este tipo de material fueron sufridos por un 12,6% de la muestra, y el 4,4% reconoció haber sido chantajeado con la publicación o difusión de fotos o vídeos suyos de carácter erótico/sexual. Las diferencias de género pusieron de manifiesto que casi el triple de chicas que de chicos han sufrido presiones o intentos de chantaje para el envío de sus fotos (18,6% vs. 6,9%), mientras que en sexting activo, sexting pasivo y chantaje de publicación o difusión las diferencias de porcentajes no alcanzan el 2%. Con relación al curso, si comparamos el primer ciclo de la ESO, el segundo ciclo de la ESO y bachillerato se observa un patrón creciente tanto en sexting activo (5,9% vs 13,8% vs. 23,1%) como en sexting pasivo (14,3% vs. 32,8% vs. 44,9%), mientras que en las presiones para el envío y en el chantaje de publicación/difusión las diferencias de porcentajes entre los grupos son inferiores al 2%.

Este repaso a la realidad de nuestro contexto muestra que el sexting activo y pasivo no es un comportamiento normativo de los y las adolescentes actuales, pero sí es un fenómeno cada vez más frecuente en el periodo de la adolescencia, que está más presente entre el alumnado de cursos superiores, y sin apenas diferencias a la hora de practicarlo (tanto activa como pasivamente) entre chicos y chicas. No obstante, sí encontramos importantes diferencias (casi el triple) en las presiones o intentos de chantaje recibidos para el envío de contenido erótico/sexual propio, siendo mucho más frecuentes en el caso de las chicas. Esto debe llevarnos a reflexionar sobre varios aspectos cruciales.

3. ¿QUÉ NOS PREOCUPA DEL SEXTING ENTRE ADOLESCENTES?

Algunos estudios plantean que el sexting puede servir como una forma de expresar interés romántico o sexual, establecer nuevos vínculos afectivos o ser una actividad sexual dentro de una relación a distancia (Döring, 2014; Walker et al., 2011). En esta línea, algunas investigaciones han encontrado que cuando el sexting se produce entre dos adolescentes que dan su consentimiento y las imágenes no se comparten fuera de ese intercambio, se mitigan las repercusiones negativas para su salud mental (Mori et al., 2019). Todo esto puede ser cierto, pero conocer y entender el fenómeno del sexting entre adolescentes implica ir más allá y conceptualizar esta práctica desde una visión holística e integral. Es decir, para poder llegar a considerar el sexting como una práctica que favorece la sexualidad de nuestros/as adolescentes, es necesario preocuparnos de que las motivaciones y las condiciones bajo las que se lleva a cabo también lo sean.

Así pues, entendiendo el sexting como una práctica más dentro del posible repertorio conductual adolescente, cabe preguntarse: ¿qué motiva que los y las adolescentes decidan practicar sexting?, ¿saben los y las adolescentes que, aunque popularizada en el discurso social, no es una práctica normativa entre sus iguales?, ¿esta normalización social puede estar ejerciendo presión e influencia en su comportamiento individual favoreciendo el aumento de las prevalencias?, ¿puede que, la cada vez más presente hipersexualización y cosificación de la infancia y la adolescencia, esté allanando el terreno para estas prácticas?

Por otra parte, entendiendo el sexting como una práctica más dentro del posible repertorio conductual de la sexualidad humana, cabe preguntarse: ¿los y las adolescentes practican sexting dentro de un marco de ética sexual?, ¿tienen en cuenta el buen trato en sus intercambios de sexting?, ¿el sexting que practican es respetuoso, consentido y deseado?

Complementariamente, si entendemos el sexting como una conducta online más dentro de aquellas que entrañan riesgos digitales, cabe reflexionar: ¿están concienciados los y las adolescentes sobre los posibles riesgos que pueden derivarse de practicar sexting?, ¿cuáles son sus reflexiones acerca de la privacidad digital, el control de la información personal en Internet, o la conducta segura online?, ¿conocen sus derechos y responsabilidades en el terreno digital?, ¿existen factores de riesgo o de protección comunes a los diferentes riesgos online?

Y, por último, pero no menos importante, entendiendo el sexting como un escenario social más donde la sociedad patriarcal en la que vivimos impone sus reglas, cabe preguntarse: ¿el sexting de chicos y chicas nace de su libertad y su deseo o de las expectativas asociadas al rol masculino y femenino?, ¿influyen las desigualdades y estereotipos de género en el sexting que practican chicas y chicos?, ¿el sexting que realizan chicas y chicos se produce en relaciones igualitarias?, ¿las posibles consecuencias o el impacto psicosocial de practicar sexting es el mismo para chicos y chicas?

Vayamos por partes.

Las razones que llevan a chicos y chicas a practicar sexting han sido objeto de estudio por parte de numerosas investigaciones (Alonso-Ruido et al., 2015; Mitchell et al., 2012; Ojeda et al., 2022; Villacampa, 2017; Wolak et al., 2012). En general, las razones esgrimidas por los y las adolescentes pueden agruparse alrededor de los siguientes argumentos: (1) porque la mayoría lo hace; (2) para aumentar mi autoestima o mi empoderamiento/para sentirme sexy; (3) porque forma parte de mi relación romántica; (4) para comenzar una relación con alguien; (5) para flirtear/coquetear/conseguir que alguien se fije en mí; (6) por curiosidad/adrenalina/por hacer algo arriesgado; (7) para reducir el aburrimiento; (8) como broma; (9) por presión/chantaje; (10) no lo sé. Reflexionar sobre las razones relatadas por los y las adolescentes nos da pistas de los motivos para preocuparnos.

3.1. Normalización social del sexting e hipersexualización de la infancia y la adolescencia

Como ya comentamos, actualmente las prevalencias de sexting entre adolescentes no permiten considerarla como una práctica normativa entre menores (Van Ouytsel et al., 2025). Sin embargo, la percepción de que el sexting se ha vuelto una práctica habitual entre adolescentes, es decir, su normalización social, puede acabar influyendo en las propias creencias de chicos y chicas (Lippman & Campbell, 2014), convirtiéndola en una norma subjetiva con poder de presión grupal. Esto genera una idea errónea acerca de las conductas de los demás, y facilita la aceptación propia del intercambio de contenido erótico-sexual en Internet. Como consecuencia, dicha percepción impacta en el comportamiento individual de quienes participan en esta práctica, justificándola y favoreciendo su aumento (Wood et al., 2015).

Asimismo, podemos comprobar cómo, en los últimos años, la hipersexualización de la infancia y la adolescencia es cada vez más común (Sedano et al., 2024), especialmente la dirigida a las niñas: ropa sexy, poses provocativas en editoriales de moda infantil y redes sociales, beauty parties para celebrar cumpleaños de una sola cifra… bombardean a las niñas fomentando y primando su atractivo físico, como la única manera de tener éxito, como la única manera de ser vistas. Ya en la adolescencia, se les impone un canon de belleza inalcanzable y se las valora a partir del deseo sexual que despiertan, es decir, su capital sexual (Delegación de Igualdad y Diversidad, 2022). Esto sienta las bases para la autocosificación, al internalizar una visión de sí mismas como un objeto (Delegación de Igualdad y Diversidad, 2022), y acaba influenciando en su autoestima y en su manera de relacionarse, lo que también incluye al sexting.

3.2. Falta de ética sexual y de buen trato durante y tras el sexting

Entre las preocupaciones acerca del sexting entre adolescentes, debiéramos preguntarnos si tanto el sexting activo como pasivo que practican está realizado en un marco de libertad y deseo. De no ser así, hablaríamos de sexting coercitivo (aquel que se practica activamente bajo presión de otras personas) o de una forma de acoso sexual (que consiste en recibir contenido sexual de la persona que lo ha creado sin haberlo acordado con ella).

Asimismo, un/a adolescente que haya realizado sexting activo podría ser víctima de delitos como sufrir sextorsión o chantajes relacionados con la publicación de sus fotos o vídeos íntimos, o como la difusión no consentida o viralización del contenido que ha intercambiado. No obstante, no debemos perder de vista que estas situaciones, en realidad, tienen que ver con la falta de ética sexual de quien practica sexting pasivo y reenvía sin consentimiento las imágenes, vídeos o mensajes de terceras personas.

Ante la falta de una educación sexual de calidad, los chicos y chicas se educan en la pornografía online, una escuela donde la comunicación, el consentimiento, el deseo y el buen trato no hacen acto de presencia (Sedano et al., 2024). Confiar en que el sexting que practican nuestros y nuestras adolescentes sea respetuoso, teniendo en cuenta este caldo de cultivo, parece ingenuo por nuestra parte.

3.3. No es un fenómeno aislado: relación con otras conductas que entrañan riesgos en la red

La literatura científica ha confirmado que diferentes conductas de riesgo online están asociadas entre sí, es decir, que existe solapamiento en el riesgo de victimización entre distintos riesgos online (ciberacoso, ciberabuso de pareja, sexting, grooming, uso problemático de internet…) (Gómez et al., 2017; Machimbarrena et al., 2018). Esto sugiere que ciertos factores de vulnerabilidad y protección son potencialmente compartidos por todos los riesgos de Internet (Machimbarrena et al., 2018). Entre estos factores podrían encontrarse las actitudes y la percepción de riesgo. En el caso del sexting, las actitudes menos restrictivas hacia dicha práctica y la menor percepción del riesgo correlacionan con el hecho de practicar sexting (Gennari et al., 2025). Asimismo, sabemos que, si los y las adolescentes participan en comportamientos que comprometen su privacidad, esto puede dejarlos vulnerables a la solicitación sexual, el acoso o el ciberacoso (Aizenkot, 2020) y tiene implicaciones para la posterior participación en comportamientos de riesgo (Hasinoff & Shepherd, 2014). De la misma manera, sabemos que haber participado en ciberacoso predice el hecho de compartir el material íntimo recibido en el marco del sexteo con otra persona (Ojeda et al., 2019).

En el marco digital, conocer cómo conceptualizan y ejercen los y las adolescentes su privacidad y reputación también es algo que nos preocupa. No cabe duda de que la forma más segura de mantener el control de la propia privacidad y la reputación online es no crear ni compartir nunca ninguna imagen, texto, o vídeo que pudiera resultar embarazoso si se difundiera ampliamente. Sin embargo, una abstinencia tan estricta es poco realista (Hasinoff & Shepherd, 2014). En este sentido, cabría reflexionar que, aunque las perspectivas son distintas desde el punto de vista adulto o adolescente, diferentes investigaciones han mostrado que las y los adolescentes sí están preocupados por la privacidad online (Corcoran et al., 2022; Marwick et al., 2010), pero consideran que las recompensas de compartir online compensan los riesgos (Corcoran et al., 2022).

3.4. El doble estándar sexual y los estereotipos de género

Tal y como cabría esperar, el sexting no es ajeno a las dinámicas de género (Wilkinson et al., 2016), pues el universo online está condicionado por las mismas desigualdades y estereotipos que rigen la vida fuera del entorno digital (Walker et al., 2013). En el caso del sexting, la diferenciación de género opera a través de un doble estándar sexual, que se manifiesta en una mayor libertad sexual para ellos y restricciones y sanciones sociales, por las mismas conductas, para ellas (Álvarez-Muelas et al., 2021).

Por una parte, las adolescentes son socializadas bajo un modelo en el que deben ser sexualmente atractivas y activas, pero, al mismo tiempo, aquellas que envían contenido erótico-sexual suelen ser vistas como adolescentes con baja autoestima y falta de respeto hacia sí mismas (Ringrose et al., 2013). Por otra parte, se considera que son las adolescentes quienes han de establecer límites, mientras que los adolescentes son quienes piden las fotos (Symons et al., 2018). Como resultado, las chicas tienen una mayor probabilidad de experimentar presión para enviar este tipo de contenido (Rial, 2022) y para ellos conseguir estas imágenes representa una nueva norma de masculinidad.

Este doble estándar sexual explica por qué, aunque chicos y chicas participan en esta práctica, el sexting no les afecta de la misma manera (Ojeda, 2021). Las consecuencias suelen ser más perjudiciales para ellas, ya que son más propensas a recibir insultos y humillaciones, lo que afecta significativamente a su reputación (Wood et al., 2015), y provoca un impacto emocional negativo mayor (Betts et al., 2019). De hecho, aunque el contenido erótico/sexual de mujeres y niñas es el que se distribuye con mayor frecuencia sin consentimiento (Powell & Henry, 2014), los chicos tienden a culpabilizar a las chicas por posar de manera atractiva en las fotos. Las fotos o vídeos en los que se muestra un cuerpo femenino desnudo o semidesnudo suelen ir acompañados de juicios de valor y atribuciones peyorativas relacionadas con la promiscuidad sexual, es decir, se las somete a un mayor escrutinio moral que a los adolescentes (Mascheroni et al., 2015). Mientras que cuando las fotos o vídeos muestran un cuerpo masculino, estas connotaciones negativas no aparecen, e incluso pueden ir aparejadas de beneficios, como el incremento de su popularidad y el refuerzo de su masculinidad (Symons et al., 2018).

4. ¿CÓMO NOS OCUPAMOS? PREVENCIÓN

Así como es necesario observar el sexting entre adolescentes con una lente multifocal para observar todos sus matices y aristas, la prevención ha de articularse necesariamente de manera integral, abordando esta práctica desde todas las áreas implicadas.

La responsabilidad de esta prevención ha de ser compartida, interpelando a toda la sociedad en su conjunto, a las instituciones y administraciones; a las familias, profesorado, educadores/as y técnicos de prevención, cuyo papel es especialmente relevante; sin olvidarnos, por supuesto, de la voz de las y los propios adolescentes.

4.1. Cambio de la norma subjetiva y erradicación de la hipersexualización de la infancia y la adolescencia

El primer paso consistiría en aportar información realista a los y las adolescentes, que permita derribar el mito de que es una práctica frecuente en su grupo etario, provocando la desnormalización social de esta práctica, lo que, a su vez, reduciría la autopresión y disposición a practicarla.

Desde este punto de vista, las estrategias de prevención y educación en este terreno pasan también por reflexionar con los chicos y chicas sobre ética relacional, y dotarles de habilidades como la asertividad y la resistencia ante la presión grupal. Los programas que inciden en la educación en valores y habilidades de vida, que precisamente contemplan este tipo de estrategias, pueden ser un buen acercamiento para ello.

Por otra parte, como sociedad deberíamos plantearnos erradicar la hipersexualización a la que están expuestos/as nuestros niños y niñas desde edades tempranas. Un mayor control por parte de las instituciones en esta materia, así como una mayor concienciación a nivel familiar serían clave en este punto (Delegación de Igualdad y Diversidad, 2022).

4.2. Educación sexual integral

La educación sexual integral de nuestros/as adolescentes continúa siendo una asignatura pendiente a día de hoy (Garzón, 2016; Sedano et al., 2024), tanto en la escuela como en casa.

La promoción de la ética sexual, estrechamente ligada a la educación sexual integral, es fundamental para abordar el sexting de manera efectiva. Este enfoque se basa en desarrollar habilidades para establecer relaciones íntimas éticas, lo que implica prevenir la coacción y la presión en las relaciones afectivo-sexuales, fomentar la reflexión sobre el deseo, el consentimiento genuino y el respeto hacia la otra persona, así como adoptar una postura crítica frente al intercambio de contenido sexual sin consentimiento (Ojeda, 2021).

Desde la prevención familiar, diferentes investigaciones sugieren que los padres y madres deben abordar la educación sexual con sus hijos e hijas y, por extensión, sobre los dispositivos digitales y su uso en el hogar, no mediante una sola conversación, sino como un diálogo constante, que debe comenzar temprano y continuarse con frecuencia a través del desarrollo del niño/a (Judge, 2012).

Desde la prevención escolar, es esencial que el sexting y sus características formen parte de los contenidos educativos de los programas de educación sexual implantados en el centro educativo.

4.3. Promoción del uso seguro, saludable y crítico de las TRIC, Internet y las redes sociales

Es necesario concienciar a profesorado y familias de que el sexting, entendido como una práctica online a través de la que se pierde el control sobre contenido sexual propio, puede derivar en consecuencias no deseadas y se asocia a otros riesgos como acoso, ciberacoso, grooming... (Machimbarrena et al., 2018); de manera que, la existencia de algún riesgo debe poner en preaviso de la posible aparición simultánea de otros. También resultaría fundamental que los y las adolescentes sean conscientes de ello. Esto no significa responsabilizar a quien comparte su contenido de un posible reenvío no consentido o un chantaje sufrido por parte de otra persona, pero no brindarles conocimiento a los y las adolescentes sobre los posibles riesgos a los que se exponen podría considerarse una barrera en sí misma al ejercicio libre del sexting, una vulneración de sus derechos.

Complementariamente, es necesario reflexionar con los y las adolescentes, desde casa y desde el centro educativo, sobre la privacidad digital, el control de la información personal en Internet, las prácticas de seguridad online, y el conocimiento de derechos y responsabilidades en el uso de las tecnologías digitales (Ojeda, 2021). Con la idea de que puedan maximizar los beneficios y minimizar los riesgos de sus experiencias online, ha de asegurarse que los y las adolescentes cuenten con competencias básicas de alfabetización mediática digital, pues estas predicen la capacidad para aprovechar las oportunidades online, evitar la exclusión digital y gestionar los riesgos (Turner et al., 2025). Esto es primordial para que, conscientes de su capacidad de agencia y desde un espíritu crítico, puedan ejercer su autonomía y toma de decisiones empoderada.

Pensando en la prevención escolar, la implementación de programas validados de prevención universal multirriesgo, como Safety.net (Ortega-Barón et al., 2024), sería una herramienta adecuada desde esta óptica. Este programa aporta una visión holística y preventiva a multitud de riesgos relacionados con Internet, agrupados en cuatro bloques: competencias digitales, riesgos de Internet relacionales, riesgos de Internet disfuncionales y actitudes y cogniciones.

Con relación a la prevención familiar, nuestros últimos estudios confirman que los porcentajes de sexting activo, pasivo, presiones recibidas y sextorsión son sensiblemente menores entre aquellos/as adolescentes cuyos padres y madres establecen normas y límites al uso de internet de sus hijos/as, y cuyos progenitores/as representan un modelo de uso saludable de las TRIC (Andrade et al., 2021; Rial, 2022), por lo que ha de instarse a las familias a ejercer estas estrategias.

4.4. Coeducación: educación en igualdad

La coeducación promueve la igualdad de género y, por ende, la ruptura con los estereotipos y roles asociados a hombres y mujeres, fruto de la socialización diferencial. Para poder llegar a este punto, resulta esencial identificar y cuestionar los valores vinculados a la feminidad y masculinidad, ya que están presentes en la cultura digital y, con frecuencia, moldean los roles y dinámicas en el sexting (Wood et al., 2015). En este sentido, resulta especialmente relevante debatir con los y las jóvenes sobre la desigualdad de poder entre hombres y mujeres y el doble estándar sexual, así como evitar el uso de estereotipos y la culpabilización de las mujeres en las estrategias destinadas a abordar el sexting (Döring, 2014; Van Ouytsel et al., 2025).

En esta línea, Rodríguez-Castro et al. (2021) han publicado el programa escolar coeducativo 'Ni ON Ni OFF' que representa un innovador material para el sistema educativo español, en el que abordan las ciberviolencias sexuales en el colectivo adolescente.

5. CONCLUSIÓN

El sexting entre adolescentes es un fenómeno complejo que necesita una mirada holística a través de la que comprender su naturaleza e implicaciones de manera integral. No se trata de un comportamiento normativo entre adolescentes, pero está lo suficientemente normalizado entre adolescentes como para respaldar la necesidad de educación y de prevención de sus consecuencias (Mitchell et al., 2012; Ojeda, 2021).

No es tarea sencilla: esto implica trabajar por conseguir que las condiciones en las que los y las adolescentes practiquen sexting (si es que así lo desean) lleguen a ser lo suficientemente favorables como para poder considerarlo una práctica consentida, deseada y beneficiosa. Esto significa, en primer lugar, que este sea ejercido libremente y no bajo presión (ya venga esta autoimpuesta por la interiorización de la norma subjetiva y la hipersexualización de la infancia y la adolescencia; por la presión por parte del grupo de pares; o como consecuencia del doble estándar sexual y los estereotipos de género). Asimismo, también supone que sea ejercido en el marco de relaciones sin desigualdad de poder, que cumplan con los estándares de la ética relacional, la ética sexual y la ética digital. Además, debemos ocuparnos de concienciar a los y las adolescentes sobre las posibles consecuencias indeseadas que se asocian al sexting, no con el objetivo de responsabilizarles de los actos que cometan otras personas, sino entendiéndolo como una medida en clave de empoderamiento y autonomía de sus decisiones, reconociendo en los y las adolescentes su capacidad de agencia. Es decir, la prevención integral del sexting implica que esta práctica se aborde desde la desnormalización social, la educación sexual integral, la prevención multirriesgo online y la coeducación.

No es tarea sencilla, pero está en nuestras manos.

6. REFERENCIAS

Aizenkot, D. (2020). Social networking and online self-disclosure as predictors of cyberbullying victimization among children and youth. *Children and Youth Services Review, 119*, 105695. https://doi.org/10.1016/j.childyouth.2020.105695

Alonso-Ruido, P., Rodríguez-Castro, Y., Pérez-André, C., & José-Magalhaes, M. (2015). Estudio cualitativo en un grupo de estudiantes ourensanos/as sobre el fenómeno del Sexting. *Revista de Estudios e Investigación En Psicología y Educación, 13*, 58–62. https://doi.org/10.17979/reipe.2015.0.13.319

Álvarez-Muelas, A., Gómez-Berrocal, C., & Sierra, J. C. (2021). Typologies of sexual double standard adherence in Spanish population. *European Journal of Psychology Applied to Legal Context, 13*(1), 1–7. https://doi.org/10.5093/EJPALC2021A1

Andrade, B., Guadix, I., Rial, A., & Suárez, F. (2021). *Impacto de la tecnología en la adolescencia. Relaciones, riesgos y oportunidades.* UNICEF España. https://www.unicef.es/sites/unicef.es/files/comunicacion/Informe_estatal_impacto-tecnologia-adolescencia.pdf

Betts, L., Harding, R., Peart, S., Sjolin Knight, C., Wright, D., & Newbold, K. (2019). Adolescents' experiences of street harassment: creating a typology and assessing the emotional impact. *Journal of Aggression, Conflict and Peace Research, 11*(1), 38–46. https://doi.org/10.1108/JACPR-12-2017-0336

Corcoran, E., Shaffer, E., Warner, M., & Gabrielli, J. (2022). Associations between parental media mediation and youth attitudes about online privacy in a sample of US adolescents. *Computers in Human Behavior, 137*, 107423. https://doi.org/10.1016/j.chb.2022.107423

Delegación de Igualdad y Diversidad. (2022). *Guía para madres y padres sobre la hipersexualización de niñas y niños*. Ayuntamiento de Pilas. https://www.observatoriodelainfancia.es/ficherosoia/documentos/7999_d_Guiahipersexualizacion.pdf

Döring, N. (2014). Consensual sexting among adolescents: Risk prevention through abstinence education or safer sexting? *Cyberpsychology: Journal of Psychosocial Research on Cyberspace, 8*(1), 9. https://doi.org/10.5817/CP2014-1-9

Garzón, A. (2016). La educación sexual, una asignatura pendiente en España. *Biografía. Escritos Sobre La Biología y Su Enseñanza, 9*(16), 195–203.

Gennari, F., Büchi, M., Guedes, A., Schafer, M., & Kardefelt-Winther, D. (2025). The role of psychosocial factors in youth sexting: A multi-country analysis of risk perception. *Journal of Adolescent Health*, in press. https://doi.org/10.1016/j.jadohealth.2025.01.008

Gómez, P., Rial, A., Braña, T., Golpe, S., & Varela, J. (2017). Screening of Problematic Internet Use Among Spanish Adolescents: Prevalence and Related Variables. *Cyberpsychology, Behavior, and Social Networking, 20*(4), 259–267. https://doi.org/10.1089/cyber.2016.0262

Hasinoff, A. A., & Shepherd, T. (2014). Sexting in context: Privacy norms and expectations. *International Journal of Communication, 8*, 2932–2415.

Judge, A. M. (2012). "Sexting" among U.S. adolescents: Psychological and legal perspectives. *Harvard Review of Psychiatry, 20*(2), 86–96. https://doi.org/10.3109/10673229.2012.677360

Lippman, J. R., & Campbell, S. W. (2014). Damned If You Do, Damned If You Don't…If You're a Girl: Relational and Normative Contexts of Adolescent Sexting in the United States. *Journal of Children and Media, 8*(4), 371–386. https://doi.org/10.1080/17482798.2014.923009

Machimbarrena, J. M., Calvete, E., Fernández-González, L., Álvarez-Bardón, A., Álvarez-Fernández, L., & González-Cabrera, J. (2018). Internet risks: An overview of victimization in cyberbullying, cyber dating abuse, sexting, online grooming and problematic internet use. *International Journal of Environmental Research and Public Health, 15*(11), 2471. https://doi.org/10.3390/ijerph15112471

Martínez, R., Rodríguez, Y., & Lameiras, M. (2023). Grooming, sexting y sextorsión, los nuevos fenómenos de ciberviolencia: la coeducación como medida de prevención. In T. Aránguez & O. Olariu (Eds.), *Ensayos ciber-feministas* (pp. 52–66). Dykinson S.L.

Marwick, A. E., Murgia, D., & Palfrey, J. (2010). *Youth, Privacy, and Reputation.* The Berkman Center for Internet & Society at Harvard University. https://www.youthpolicy.org/uploads/documents/2010_Youth_Privacy_Reputation_Engl.pdf

Mascheroni, G., Vincent, J., & Jimenez, E. (2015). "Girls are addicted to likes so they post semi-naked selfies": Peer mediation, normativity and the construction of identity online. *Cyberpsychology: Journal of Psychosocial Research on Cyberspace, 9*(1). https://doi.org/10.5817/CP2015-1-5

Mitchell, K. J., Finkelhor, D., Jones, L. M., & Wolak, J. (2012). Prevalence and characteristics of youth sexting: A national study. *Pediatrics, 129*(1), 13–20. https://doi.org/10.1542/peds.2011-1730

Mori, C., Temple, J. R., Browne, D., & Madigan, S. (2019). Association of sexting with sexual behaviors and mental health among adolescents: A systematic review and meta-analysis. *JAMA Pediatrics, 173*(8), 770–779. https://doi.org/10.1001/jamapediatrics.2019.1658

Ojeda, M. (2021). *Sexting en la adolescencia: Prevalencia, factores asociados y líneas de actuación psicoeducativa.* Universidad de Sevilla.

Ojeda, M., Del Rey, R., & Hunter, S. C. (2019). Longitudinal relationships between sexting and involvement in both bullying and cyberbullying. *Journal of Adolescence, 77,* 81–89. https://doi.org/10.1016/j.adolescence.2019.10.003

Ojeda, M., Dodaj, A., Sesar, K., & Del Rey, R. (2022). "Some voluntarily and some under pressure": Conceptualization, reasons, attitudes, and consequences of sexting among adolescents. *Telematics and Informatics, 75.* https://doi.org/10.1016/j.tele.2022.101891

Ortega-Barón, J., Machimbarrena, J. M., Díaz-López, A., Caba-Machado, V., Tejero, B., & González-Cabrera, J. (2024). Efficacy of a multi-risk internet prevention program: Safety.net. *Revista de Psicodidactica, 29*(2), 97–106. https://doi.org/10.1016/j.psicod.2024.01.004

Powell, A., & Henry, N. (2014). Blurred lines? Responding to "sexting" and gender-based violence among young people. *Children Australia, 39*(2), 119–124. https://doi.org/10.1017/cha.2014.9

Rial, A. (2022). *Adolescencia, tecnología, salud y convivencia. Un estudio integral y proactivo desde los propios adolescentes.* Fundación Barrié. https://fundacionbarrie.org/prevencion-estudio

Rial, A., Golpe, S., Isorna, M., Braña, T., & Gómez, P. (2018). Minors and problematic Internet use: Evidence for better prevention. *Computers in Human Behavior, 87,* 140–145. https://doi.org/10.1016/j.chb.2018.05.030

Ringrose, J., Harvey, L., Gill, R., & Livingstone, S. (2013). Teen girls, sexual double standards and 'sexting': Gendered value in digital image exchange. *Feminist Theory, 14*(3), 305–323. https://doi.org/10.1177/1464700113499853

Rodríguez-Castro, Y., Alonso, P., Martínez, R., & Adá, A. (2021). *NI -N NI -FF' Programa Coeducativo de prevención de (Ciber)Acoso Sexual.* Aranzadi.

Sedano, S., Lorente-De-Sanz, J., Ballester, L., & Aznar-Martínez, B. (2024). Acceso, consumo y consecuencias del consumo de pornografía entre adolescentes: nuevos retos para la educación afectivo-sexual. *Pedagogia Social, 44,* 161–175. https://doi.org/10.7179/PSRI_2024.44.09

Symons, K, Ponnet, K, Walrave, M.& Heirman, W. (2018). Sexting scripts in adolescent relationships: Is sexting becoming the norm? *New Media & Society, 20*(10), 3836–3857. https://doi.org/10.1177/1461444818761869

Turner, K. H., Eisenstock, B., Hicks, T., Jolls, T., O'Byrne, W. I., Paciga, K. A., Price-Dennis, D., & Hagerman, M. S. (2025). The Importance of Digital Media Literacy. In D. A. Christakis & L. Hale (Eds.), *Handbook of Children and Screens: Digital Media, Development, and Well-Being from Birth Through Adolescence* (pp. 541–548). Springer Nature Switzerland. https://doi.org/10.1007/978-3-031-69362-5_74

Valedor do Pobo de Galicia. (2011). *Informe extraordinario Adolescentes e Internet en Galicia.* http://www.valedordopobo.gal/wp-content/uploads/2016/05/Adolescentes-e-Internet.-GAL.pdf.

Valedor do Pobo de Galicia. (2015). *Proyecto Mocidade Online.* http://www.valedordopobo.gal/es/proyecto-mocidade-on-line/

Van Ouytsel, J., Maas, M. K., Klettke, B., Clancy, E. M., & Temple, J. R. (2025). It's Not Just Sexting: Adolescents' Experiences with Exchanging and Disseminating Nude Images. In D. A. Christakis & L. Hale (Eds.), *Handbook of Children and Screens: Digital Media, Development, and Well-Being from Birth Through Adolescence* (pp. 365–370). Springer Nature Switzerland. https://doi.org/10.1007/978-3-031-69362-5_50

Villacampa, C. (2017). Teen sexting: Prevalence, characteristics and legal treatment. *International Journal of Law, Crime and Justice, 49,* 10–21. https://doi.org/10.1016/j.ijlcj.2017.01.002

Walker, S., Sanci, L., & Temple-Smith, M. (2011). Sexting and young people: Experts' views. *Youth Sudies Australia, 30*(4), 8–16.

Walker, S., Sanci, L., & Temple-Smith, M. (2013). Sexting: Young women's and men's views on its nature and origins. *Journal of Adolescent Health, 52*(6), 697–701. https://doi.org/10.1016/j.jadohealth.2013.01.026

Wilkinson, Y., Whitfield, C., Hannigan, S., Azam Ali, P., & Hayter, Ma. (2016). A qualitative meta-synthesis of young peoples' experiences of "sexting." *British Journal of School Nursing, 11*(4), 183–191. https://doi.org/10.12968/bjsn.2016.11.4.183

Wolak, J., Finkelhor, D., & Mitchell, K. J. (2012). How often are teens arrested for sexting? Data from a national sample of police cases. *Pediatrics, 129*(1), 4–12. https://doi.org/10.1542/peds.2011-2242

Wood, M., Barter, C., Stanley, N., Aghtaie, N., & Larkins, C. (2015). Images across Europe: The sending and receiving of sexual images and associations with interpersonal violence in young people's relationships. *Children and Youth Services Review, 59*, 149–160. https://doi.org/10.1016/j.childyouth.2015.11.00

Capítulo 6

Revisión sistemática de los impactos de la pornografía en la adolescencia

LLUÍS BALLESTER
Universidad de las Islas Baleares

1. INTRODUCCIÓN

La pornografía en Internet es fácilmente accesible y puede ser encontrada por aquellos que no la buscan. Este riesgo de exposición inadvertida es tan probable que ocurra a los niños, niñas y adolescentes como a aquellas personas que buscan pornografía deliberadamente. Ser hombre y adolescente aumenta la probabilidad de exposición a la pornografía, también se sabe que el uso de Internet en un lugar privado y sin supervisión aumenta la probabilidad de exposición a la pornografía. La pornografía en internet se puede ver accidentalmente en sitios web que no son pornográficos, por ejemplo, en sitios web de juegos, redes sociales y videos (Ballester, & Sedano, 2024).

Algunos de los datos destacables que se han podido acreditar muestran como el inicio del visionado de la pornografía se realiza antes de los 13 años. También se muestra un aumento considerable del visionado de pornografía, cuya motivación principal no es solo la curiosidad o la masturbación, sino el supuesto aprendizaje sobre sexo. También se puede destacar la utilización de la pornografía como regulador emocional externo, su consumo aumenta o disminuye en función del estado de ánimo. Finalmente, si bien la visualización de contenidos pornográficos es sobre todo una práctica considerada de entretenimiento individual, también es social, en el sentido de generar y alterar las relaciones interpersonales, las de reconocimiento y de dominación. Socializar en relación al contenido pornográfico, es decir, construir percepciones, actitudes y conductas compartidas, es una parte integral de la experiencia de visualización de dicho contenido en la adolescencia (Ballester et al., 2023).

El impacto en la adolescencia del consumo habitual de pornografía se ha evaluado de diversas maneras, siendo mayoritaria la consideración de los impactos negativos en el desarrollo del imaginario sexual y los modelos de conducta (lenguaje, actitudes, reducción de la empatía, valoración negativa del propio cuerpo, etc.), en la salud sexual (por ejemplo, ITS), así como en la conducta efectiva (consumo problemático, agresividad…). La pornografía puede tener un impacto en la probabilidad de tener una primera experiencia sexual a una edad muy temprana. También puede normalizar, entre adolescentes, prácticas sexuales como el coito anal, la eyaculación facial, la felación profunda y el sexo con múltiples parejas (Quadara, El-Murr y Latham, 2017).

Existen diferencias de género en el consumo de pornografía, así como en sus impactos. Aunque se pudo confirmar que los hombres adolescentes ven más pornografía que las mujeres en los primeros estudios poblacionales, las evidencias se hacen consistentes en los últimos años (Aznar-Martínez, 2023; Villena et al, 2025).

En cualquier caso, el cambio en la producción de pornografía, el acceso, el consumo y los impactos es constante, por lo que actualizar los conocimientos adquiridos en los últimos años es esencial para saber qué está pasando actualmente.

El objetivo general de esta investigación es actualizar el estado del conocimiento en este campo a partir de las investigaciones más relevantes de los últimos 5 años, siempre centradas en población adolescente (13 a 18 años). Con esto, los objetivos específicos de la investigación incluyen conocer:

- Modalidades de acceso y consumo de pornografía.
- Impactos sobre el imaginario sexual y los modelos de conducta.

- Impactos sobre la salud sexual.
- Impactos sobre la conducta sexual y social.

2. METODOLOGÍA

Se realizó una revisión sistemática, basada en el modelo PRISMA. La revisión se basó en analizar si el uso de pornografía *entre adolescentes* provocaba algún tipo de efecto en el imaginario sexual, la salud sexual y la conducta en el ámbito social y/o sexual entre los/las adolescentes.

Población: La población de estudio fueron todos aquellos adolescentes cuya edad estaba comprendida entre los 13 y los 18 años, pudiendo ampliar la aceptación de investigaciones que no coincidieran exactamente con el período, pero sí lo hicieran de manera importante (por ejemplo, de 10 a 16 años). También se aceptaron estudios realizados con población joven, pero orientados a la evaluación de la adolescencia, a partir de información retrospectiva.

Período: Teniendo presente el impacto sobre el acceso y el consumo que se produjo con la COVID, se considera el período comprendido entre 2020 y 2025, básicamente 5 años, dado que solo se pueden considerar los primeros tres meses de 2025.

Concepto: Efectos de la pornografía en internet sobre el imaginario sexual, la salud sexual y la conducta.

Contexto: Consumo de pornografía por los/las adolescentes en cualquier localización geográfica, considerando de manera preferente aquellos estudios realizados en zonas culturalmente más cercanas a la realidad del sur de Europa.

Nivel de calidad de la fuente: Solo se han considerado Revisiones sistemáticas y meta-análisis, revisiones narrativas, estudios experimentales, estudios observacionales mediante análisis longitudinales o encuestas transversales con muestras representativas. Se descartan los estudios cualitativos, así como los artículos de debate conceptual o de ensayo.

La búsqueda bibliográfica se realizó entre el 3 y el 6 de marzo de 2025 y se realizó en las bases de datos: Web of Science (WoS), Scopus, PubMed-Medline.

Criterios generales de selección. Se incluyeron estudios de los tipos indicados, escritos en inglés o español y publicados a partir de enero de 2020, considerando así los últimos cinco años. Se excluyeron los estudios cualitativos con muestras de conveniencia, las editoriales o artículos de opinión y las reseñas de libros.

Criterios de inclusión. (1) Publicaciones originales en inglés y español. (2) Publicaciones de los últimos 5 años y medio, desde 2020 al 30 de marzo de 2025. (3) Tipo de publicaciones: artículos, monografías y documentos de entidad singular considerados en las bases de datos identificadas anteriormente o recomendadas por personas expertas en una segunda revisión. (4) Tipo de estudios: Revisiones sistemáticas y meta-análisis, revisiones narrativas, estudios experimentales, estudios observacionales mediante análisis longitudinales o encuestas transversales con muestras representativas. (5) Artículos sometidos a revisión por pares.

Para identificar los estudios se utilizó una ecuación con operadores booleanos 'OR' y 'AND'. Los términos de búsqueda se modificaron cuando fue necesario para diferentes bases de datos y plataformas:

> Porn* OR sexploitation OR "adult material*" OR "adult movie*" OR "adult film*" OR hard-core OR soft-core OR "sexually explicit material*" OR "sexually explicit media" OR X-rated
>
> *AND*
>
> Youth* OR young* OR teen* OR adolescen* OR child* OR juven* OR junior OR boy* OR student* OR (13 OR 14 OR ... 25)
>
> *AND*

(sex* OR intimate* OR passion* OR sensual* OR erotic*) adj3 (Health* OR infect* OR disease* OR condition* OR wellbeing OR illness*)

AND

(sex* OR intimate* OR passion* OR sensual* OR erotic) adj3 (behav* OR act* OR conduct* OR practice*)

Las publicaciones fueron seleccionadas a través de un proceso de dos pasos, de acuerdo a los criterios que se resumen el diagrama resumido (Figura 1). Se revisaron los títulos, resúmenes y palabras clave de las publicaciones obtenidas en las búsquedas. Las publicaciones seleccionadas fueron obtenidas en texto completo, y estudiadas para preparar los resultados. La información de las publicaciones fue seleccionada mediante un análisis utilizando el programa de análisis cualitativo NVIVO. Para resumir los resultados clave, se desarrolló un tratamiento cualitativo de análisis de contenido, a partir de las tres categorías centrales (Imaginario y modelos de conducta sexual. Salud sexual. Conducta sexual y social) y sub-categorías clave.

Figura 1. *Flujograma de la revisión sistemática detallada.*

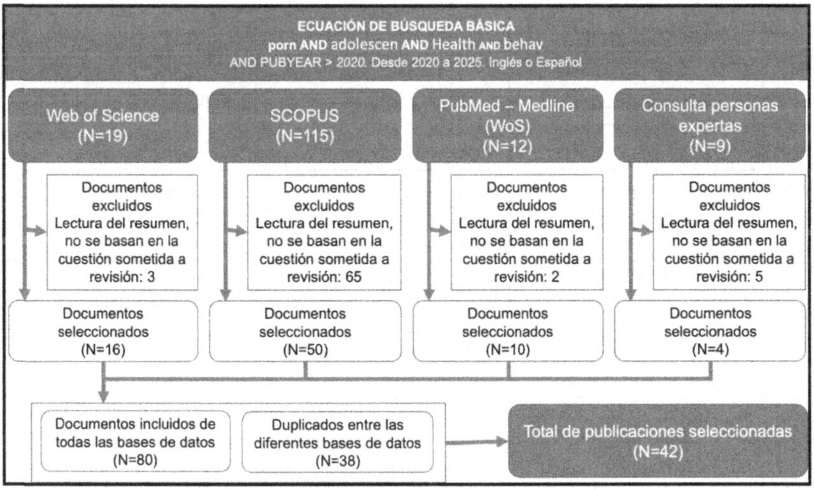

ECUACIÓN DE BÚSQUEDA BÁSICA
porn AND adolescen AND Health AND behav
AND PUBYEAR > 2020. Desde 2020 a 2025. Inglés o Español

Web of Science (N=19)
SCOPUS (N=115)
PubMed – Medline (WoS) (N=12)
Consulta personas expertas (N=9)

Documentos excluidos Lectura del resumen, no se basan en la cuestión sometida a revisión: 3
Documentos excluidos Lectura del resumen, no se basan en la cuestión sometida a revisión: 65
Documentos excluidos Lectura del resumen, no se basan en la cuestión sometida a revisión: 2
Documentos excluidos Lectura del resumen, no se basan en la cuestión sometida a revisión: 5

Documentos seleccionados (N=16)
Documentos seleccionados (N=50)
Documentos seleccionados (N=10)
Documentos seleccionados (N=4)

Documentos incluidos de todas las bases de datos (N=80)
Duplicados entre las diferentes bases de datos (N=38)
Total de publicaciones seleccionadas (N=42)

Como se ve en la figura 1, se han seleccionado 42 publicaciones, básicamente artículos de diversos niveles de validez, pero con un porcentaje importante de estudios de alto nivel de calidad (25 estudios, 59,5%, en Q1), publicados en una amplia variedad de revistas de primer nivel internacional. El cuadro de referencias permite ver la diversidad de trabajos seleccionados.

Tabla 1. *Cuadro de referencias*

	Referencia	País	Período de toma de datos
1	Adarsh, & Sahoo, 2023	Internacional	2023
2	Ali et al. 2023	Internacional	2023
3	Alonso-Ruido et al., 2022	España	2016-2020
4	Andamon, 2025	Filipinas	2024
5	Andrie, 2021	Grecia, España, Polonia, Rumanía, Países Bajos e Islandia	2020
6	Astuti et al., 2022	Internacional	2017-2021
7	Ballester et al., 2021	España	2020
8	Behun, & Owens, 2019	Internacional	2015-2020
9	Cavalcante de Assis, 2024	Internacional	2019-2024
10	de Heer et al., 2021	Estados Unidos	2020
11	Díaz-Hernández et al., 2024	España	2020
12	Donevan et al., 2022	Suecia	2004-2020
13	Efrati, & Amichai-Hamburger 2020	Israel	2020
14	Faisal et al., 2022	Internacional	2014-2024
15	Gámez-Medina et al., 2020	Sinaloa (México)	2019
16	Gewirtz-Meydan et al., 2024	Internacional	2024
17	Goh et al., 2023	Malasia	2022
18	González-Hernández et al., 2024	España	2022
19	Hidalgo de la Rosa, 2023	Internacional	2018-2023
20	Hornor, 2020	Internacional	2005-2020
21	Idoiaga-Mondragon et al., 2025	País Vasco (España)	2024

22	Kohut, 2021	Croacia	2015-2016
23	Li et al., 2023	Provincia de Sichuan (China)	2022
24	López de Ayala, 2024	Com. de Madrid (España)	2019-2020
25	Martellozzo et al., 2020	Reino Unido	2016
26	Mestre-Bach et al., 2023	Internacional	2002-2022
27	Morelli et al., 2021	Italia	2023
28	Mori et al., 2023	Internacional	2023
29	Paslakis et al., 2022	Internacional	2022
30	Pathmendra et al., 2023	Internacional	2010-2022
31	Paulus et al., 2024	Internacional	2000-2022
32	Ramiro-Sánchez et al., 2023	Internacional	2000-2022
33	Rojas-Estrada et al., 2024	Internacional	2010-2023
34	Román-García et al., 2021	Internacional	2000-2020
35	Rothman et al., 2021	Estados Unidos	2015
36	Sedano et al., 2024	Islas Baleares (España)	2022
37	Testa et al., 2023	Internacional	2015-2022
38	Vasquez et al., 2024	Internacional	2024
39	Villena-Moya et al., 2025	Internacional	2024
40	Wright et al., 2021	Estados Unidos	2020
41	Wright et al., 2022	Estados Unidos	2020
42	Zafra-Agea et al., 2024	Barcelona (España)	2023

3. RESULTADOS

Por lo que respecta a los objetivos de los estudios, se puede ver una cierta homogeneidad respecto a las tres grandes áreas de estudio, aunque las conceptualizaciones y los procedimientos de investigación sean heterogéneos.

Los objetivos relativos al del imaginario sexual y los modelos de conducta se centran en seis áreas diferenciadas: las características del acceso y consumo (Andrie, 2021; Behun, & Owens, 2019; Donevan et al., 2022; Faisal et al., 2022; Martellozzo et al., 2020; Paulus et al., 2024; Rojas-Estrada et al., 2024; Sedano et al., 2024; Villena-Moya et al., 2025; Wright et al., 2021); los modelos de género (Alonso-Ruido et al., 2022; Donevan et al., 2022; Kohut, 2021; Villena-Moya et al., 2025); la imagen corporal (Gewirtz-Meydan et al., 2024; Paslakis et al., 2022); la percepción de aprendizaje sexual en la pornografía (Rothman et al., 2021; Wright et al., 2021); las creencias erróneas formadas en la pornografía (Sedano et al., 2024; Wright et al., 2022) y la responsabilidad de diversos agentes del entorno (Idoiaga-Mondragon et al., 2025; Li et al., 2023; Sedano et al., 2024).

Por lo que respecta a la salud sexual, la investigación más reciente se ha preocupado por la epidemiología del consumo (Hornor, 2020; Román-García et al., 2021); las ITS y sexo seguro (Hidalgo de la Rosa, 2023; Pathmendra et al., 2023; Ramiro-Sánchez et al., 2023; Román-García et al., 2021; Zafra-Agea et al., 2024); las características de personalidad asociadas al consumo o alteradas por el mismo (Cavalcante de Assis, 2024; Efrati, & Amichai-Hamburger, 2020); los efectos sobre el funcionamiento cerebral y el procesado de imágenes pornográficas (Cavalcante de Assis, 2024).

Finalmente, la investigación sobre la conducta sexual y social, se centra en tres áreas principales: alteraciones del comportamiento sexual y social, así como la interacción interpersonal (Adarsh, & Sahoo, 2023; Andamon, 2025; Behun, & Owens, 2019; Cavalcante de Assis, 2024; Díaz-Hernández et al., 2024; Faisal et al., 2022; González-Hernández et al., 2024; Martellozzo et al., 2020; Paulus et al., 2024; Rojas-Estrada et al., 2024; Sedano et al., 2024; Villena-Moya et al., 2025; Zafra-Agea et al., 2024); intimidad, empatía y estrategias de regulación emocional (Ballester et al., 2021; Efrati, & Amichai-Hamburger, 2020; López de Ayala, 2024; Villena-Moya et al., 2025); agresión y violencia en las relaciones sexuales (de Heer et al., 2021; Kohut, 2021; Mestre-Bach et al., 2023; Morelli et al., 2021; Pathmendra et al., 2023; Vasquez et al., 2024; Wright et al., 2021); el consumo problemático y la dependencia (Astuti et al., 2022; Goh et al., 2023; Li et al., 2023; Morelli et al., 2021; Mori et al., 2023; Testa et al., 2023; Villena-Moya et al., 2025; Wright et al., 2022); conducta no normativa (Gámez-Medina et al., 2020).

Las metodologías de los estudios se desarrollan a partir de cinco tipos diferentes. Las revisiones sistemáticas son muy frecuentes, obteniendo resultados de síntesis muy representativos. Aunque se han descartado las revisiones excesivamente redundantes (misma pregunta de investigación, mismo período...), los artículos que se han seleccionado han revisado un total de 359 trabajos singulares. Las revisiones sistemáticas seleccionadas son: Ali et al., 2023; Alonso-Ruido et al., 2022; Andamon, 2025; Astuti et al., 2022; Faisal et al., 2022; González-Hernández et al., 2024; Hidalgo de la Rosa, 2023; Mestre-Bach et al., 2023; Mori et al., 2023; Paslakis et al., 2022; Pathmendra et al., 2023; Paulus et al., 2024; Ramiro-Sánchez et al., 2023; Román-García et al., 2021; Testa et al., 2023.

También se han incluido cinco revisiones narrativas (Adarsh, & Sahoo, 2023; Behun, & Owens, 2019; Cavalcante de Assis, 2024; Hornor, 2020; Rojas-Estrada et al., 2024). Se trata de revisiones tradicionales escritas por especialistas con acreditación. Debido a que estas revisiones carecen de métodos sistemáticos para identificar, evaluar y sintetizar información, tienen un mayor riesgo de sesgo que las revisiones sistemáticas, ya que existe la posibilidad de que los autores incluyan o excluyan selectivamente estudios para respaldar una posición, por ese motivo, se han descartado las que no habían sido rigurosamente revisadas por pares antes de su publicación.

Se ha seleccionado un estudio quasi-experimental (Ballester et al., 2021), así como cinco estudios basados en baterías de cuestionarios validados (Donevan et al., 2022; Efrati, & Amichai-Hamburger 2020; Kohut, 2021; Morelli et al., 2021; Villena-Moya et al., 2025). Sin embargo, se debería rechazar el estudio de Kohut por su baja calidad, acreditada en la misma discusión del artículo (nuestro estudio presentó varias deficiencias que deben tenerse en cuenta). Es especialmente preocupante el alto porcentaje de datos perdidos debido a factores como el absentismo escolar y la pérdida de participantes. También es importante considerar la naturaleza de la pornografía consumida por los adolescentes en nuestras muestras. Los análisis se basaron en una medida del consumo general de pornografía, en lugar de considerar el consumo de pornografía sexualmente violenta. Finalmente, la definición operativa de agresión sexual en este estudio se limitó a los actos físicos de agresión sexual (Kohut, 2021). Pérdida de muestra, así como pobre conceptualización de la pornografía y de la violencia, aunque sean sus objetos de estudio. Hay que recordar que es problemático restringir el concepto de *violencia* a actos físicos intencionados que causan daño, porque la violencia no física, psicológica, emocional y otras formas de violencia no (directamente) física pueden tener un impacto igual o incluso mayor (Hearn, & Hall, 2022).

El resto de investigaciones seleccionadas se basan en encuestas sociológicas, la mayoría de las cuales incluyen escalas validadas (Andrie, 2021; de Heer et al., 2021; Díaz-Hernández et al., 2024; Gámez-Medina et al., 2020; Gewirtz-Meydan et al., 2024; Goh et al., 2023; Idoiaga-Mondragon et al., 2025; Li et al., 2023; López de Ayala, 2024; Martellozzo et al., 2020; Rothman et al., 2021; Sedano et al., 2024; Vasquez et al., 2024; Wright et al., 2021; Wright et al., 2022; Zafra-Agea et al., 2024).

Los resultados de los estudios, en relación a las tres áreas de investigación, ofrecen un panorama de los conocimientos recientes más relevantes.

Imaginario sexual y modelos de conducta

Las características del acceso y consumo. Las edades de acceso son inferiores a los 10 años para un 20%, con una normalización del hábito de consumo en torno a los 13 años. El tipo de pornografía que consumen es básicamente hardcore, es decir, presenta violencia sexual. Las motivaciones del consumo se centran en la respuesta a la curiosidad sexual, la búsqueda de orientación de conducta y el estímulo para la masturbación, todo ello casi en ausencia de ofertas de educación afectiva y sexual adecuadas. El nivel de consumo problemático, con impacto sobre el bienestar subjetivo (estados de ansiedad, dependencia conductual del consumo, etc.) afecta a un 16,5% de la muestra, con diferencia significativa por sexo (Sedano et al., 2024). La exposición a la pornografía en línea se asocia con puntuaciones en la escala de problemas de externalización, especialmente el incumplimiento de las normas y el comportamiento agresivo (Andrie, 2021). En la adolescencia (13-18 años), en la mayoría de los casos, aún se están formando los procesos cerebrales relacionados con el funcionamiento ejecutivo y el consumo de pornografía pueden generar dificultades para priorizar, tomar buenas decisiones y mitigar posibles riesgos (Behun, & Owens, 2019). Hay evidencia consistente de que el consumo habitual de pornografía en la adolescencia puede generar adicción y estimular la vía de recompensa en el cerebro, asociada con un aumento de la conducta sexual de riesgo (Faisal et al., 2022). La exposición a pornografía puede perjudicar la percepción de los niños y jóvenes sobre el sexo, las relaciones saludables y la percepción de sus propios cuerpos (Martellozzo et al., 2020). Se pueden identificar asociaciones entre el consumo de pornografía y las actitudes. (p. ej., actitudes de rol de género), conducta (p. ej., comportamiento de riesgo sexual) y agresión sexual (p. ej., cibervictimización sexual, perpetración) (Paulus et al., 2024). La revisión acredita efectos perjudiciales del acceso no regulado a contenido pornográfico en línea en los adolescentes, que se manifiestan en una autoimagen distorsionada, una autoestima disminuida y percepciones corporales alteradas (Rojas-Estrada et al., 2024).

Modelos de género

Se han identificado notables diferencias en el uso problemático de pornografía en adolescentes, los adolescentes hombres consumen con mayor frecuencia y se identifica un mayor consumo problemático de pornografía, reforzando los estereotipos de género (Villena-Moya et al., 2025). La conducta de incumplimiento de las normas, un mayor nivel económico y un mayor rendimiento académico se relacionaron con el consumo de pornografía en los adolescentes, mientras que la conducta de incumplimiento de las normas, el inicio sexual temprano y la victimización se asociaron con el consumo de pornografía en las adolescentes (Donevan et al., 2022).

Imagen corporal

El consumo problemático de pornografía (no la frecuencia de consumo) se relacionó con mayores niveles de comparación social corporal, que, a su vez, se relacionaron con mayores niveles de imagen corporal negativa (Gewirtz & Meydan et al., 2024). La frecuencia de la exposición a la pornografía se asocia con una percepción negativa de la imagen corporal y la imagen sexual; tanto hombres como mujeres heterosexuales parecen verse afectados (Paslakis et al., 2022).

Percepción de aprendizaje sexual en la pornografía

Entre los 324 adolescentes que indicaron haber recibido ayuda de al menos una fuente de información, la información útil con mayor probabilidad provino de sus padres (31,0 %) y amigos (21,6 %). Solo el 8,4 % de los adolescentes afirmó que la pornografía era útil. Sin embargo, en el grupo de 18 a 24 años, la pornografía fue la fuente de información más comúnmente recomendada (24,5 %), en comparación con otras opciones como parejas sexuales, amigos, medios de comunicación y profesionales de la salud (Rothman et al., 2021).

Las creencias erróneas formadas en la pornografía.

Un consumo más frecuente de pornografía y mayores niveles de dependencia a la pornografía se asociaron, de forma independiente, con la existencia de creencias erróneas sobre el sexo entre los consumidores de pornografía. Contrariamente a las expectativas teóricas, la frecuencia de consumo de pornografía no interactuó con la presencia de creencias sexuales erróneas (Wright et al., 2022).

La responsabilidad de diversos agentes del entorno

Se ha podido observar una correlación negativa significativa entre el funcionamiento familiar positivo y el consumo problemático de pornografía (CPP), una correlación positiva significativa entre la autoestima y el funcionamiento familiar (Li et al., 2023). Por lo que respecta al personal educativo, los futuros educadores se distancian de la pornografía, percibiéndola como un medio que proyecta una representación irreal de la realidad. Además, los participantes en el estudio también vincularon la pornografía con situaciones de violencia, explotación y denigración de las mujeres (Idoiaga-Mondragon et al., 2025).

Salud sexual

Efectos asociados al consumo habitual: Conductas sexualizadas problemáticas (menores de 12 años). Inicio temprano de la actividad sexual. Conductas sexuales de alto riesgo. Agresión sexual. Distorsión de roles de género. Cosificación de las mujeres. Expectativas poco realistas en las relaciones sexuales. Alteraciones cerebrales. Desarrollo de trastorno por internet (adicción) (Hornor, 2020). La visualización de pornografía influye en la salud sexual y reproductiva de los/las adolescentes. La distorsión sexual sobre las mujeres que provoca la visualización de material pornográfico de tipo dominante constituye un serio problema que puede incrementar la desigualdad de género (Román-García et al., 2021).

Las ITS y el sexo seguro

Los resultados de los artículos analizados señalan el impacto significativo del consumo habitual de pornografía sobre los adolescentes, en especial sobre el debut sexual, relaciones de riesgo (reducción del uso de preservativos), comportamientos agresivos, perpetuación de roles de género y la salud sexual (Hidalgo de la Rosa, 2023). Los hombres y mujeres que consumen más pornografía tienden a abstenerse de usar preservativos (Díaz-Hernández et al., 2024). Los estudios incluidos muestran que el consumo de pornografía en adolescentes se asocia con conductas sexuales de riesgo como el inicio precoz de las relaciones sexuales, un mayor número de parejas sexuales, relaciones sexuales sin preservativo, mantener relaciones sexuales bajo los efectos del alcohol/drogas (Ramiro-Sánchez et al., 2023). Se puede acreditar la asociación entre la reducción del uso de anticonceptivos de barrera, la iniciación sexual temprana y el alto consumo de pornografía (Zafra-Agea et al., 2024).

Características de personalidad asociadas al consumo o alteradas por el mismo

La exposición frecuente a la pornografía está asociada con ansiedad, depresión, baja autoestima y comportamientos sexuales de riesgo (Cavalcante de Assis, 2024). La mayor visualización de pornografía se asocia a introversión y menor regulación emocional (Efrati, & Amichai-Hamburger, 2020).

Efectos sobre el funcionamiento cerebral y el procesado de imágenes pornográficas. La pornografía activa la vía de recompensa del cerebro, llevando a la desensibilización y posible dependencia (Cavalcante de Assis, 2024).

Conducta sexual y social

Alteraciones del comportamiento sexual y social, así como la interacción interpersonal. La exposición temprana a la pornografía y la exposición excesiva o no regulada a la pornografía durante los años de formación de la adolescencia tienen varios efectos nocivos a largo plazo sobre la maduración sexual, el comportamiento sexual, la adicción a Internet y el desarrollo general de la personalidad (Adarsh, & Sahoo, 2023). Se han podido acreditar problemas emocionales y conductuales, promoción de comportamientos sexuales no saludables debido al consumo excesivo de pornografía, y efectos psicológicos y de desarrollo adversos relacionados con el consumo habitual de pornografía en internet (Andamon, 2025). Existe una asociación entre el consumo de pornografía y la toma de riesgos sexuales en adolescentes y jóvenes. Además, esta relación está mediada por otros factores que influyen en ambos constructos indicando una relación entre ellos, como la permisividad sexual, la búsqueda de sensaciones sexuales y la supervisión parental. El género también puede moderar esta relación (González-Hernández et al., 2024). La exposición a la pornografía aumentó la probabilidad de conductas sexuales problemáticas y de riesgo entre niños, niñas y adolescentes (Mori et al., 2023).

Intimidad, empatía y estrategias de regulación emocional

Socialmente, perpetúa normas de género problemáticas y dificulta el desarrollo de habilidades de intimidad (Cavalcante de Assis, 2024). El mayor uso habitual de pornografía se relaciona significativamente con una menor empatía cognitiva y afectiva (Ballester et al., 2021).

Agresión y violencia en las relaciones sexuales

A pesar de que Kohut no encuentra evidencias, en su estudio de Croacia (Kohut, 2021), parece que otros estudios sí encuentran una relación significativa. En cualquier caso, existe heterogeneidad en los resultados respecto a la asociación entre el consumo de pornografía y la agresión y coerción sexual de pareja: algunos estudios no han logrado demostrar esta asociación, mientras que otros la han observado de forma parcial o significativa. También se han observado resultados contradictorios al examinar la asociación entre el consumo de pornografía, los mitos sobre la violación y otras creencias/actitudes (Mestre-Bach et al., 2023). Otros estudios, sí encuentran relaciones significativas: el uso problemático de la pornografía (UPP) está relacionado positivamente con comisión de Violencia en las Citas concertadas por Ordenador (CDV). La relación entre el uso problemático de la pornografía y la perpetración de CDV se incrementa con el sexismo hostil (Morelli et al., 2021). El uso habitual de pornografía representa un factor de riesgo importante para la coacción sexual (Vasquez et al., 2024). La exposición a la pornografía y la percepción de la pornografía como realista se asociaron con un mayor riesgo de agresión sexual. Un mayor nivel de identificación con actores pornográficos se asoció con una mayor probabilidad de agresión sexual en hombres, pero no en mujeres (Wright et al., 2021). Finalmente, se ha podido acreditar cómo la pornografía y el consumo de alcohol son predictores únicos de la victimización en mujeres universitarias. El efecto combinado de la pornografía y el alcohol aumenta la probabilidad de victimización (de Heer et al., 2021).

Consumo problemático y la dependencia

El impacto psicológico del consumo excesivo de pornografía puede manifestarse en forma de irritabilidad, dificultad para concentrarse, estrés, culpa, frustración, depresión, dificultad para dormir y síntomas psicosomáticos. El impacto social que se produce en los adictos a la pornografía es la dificultad para establecer relaciones interpersonales, la tendencia al aislamiento, la preferencia por el aislamiento social (Astuti et al., 2022). Los trabajos relativos al desarrollo de capacidad de apoyo ofrecen resultados prometedores. Se carece de estudios de tratamiento del CPP en adolescentes, aunque se ha demostrado la eficacia preliminar de la terapia cognitivo-conductual y los enfoques basados en la atención plena en adultos con CPP (Testa et al., 2023).

Conducta no normativa

Al comparar el uso de pornografía por consumidores y no consumidores de drogas licitas se encontraron diferencias significativas solo en los consumidores de alcohol presentando medias y medianas más altas ($U=863.50$, $p<.001$) (Gámez-Medina et al., 2020).

4. DISCUSIÓN

La revisión sistemática del conocimiento más reciente, sobre los efectos de la pornografía, es bastante concluyente, aunque muestre la complejidad de las situaciones y procesos analizados. Se observa una amplia gama de efectos del consumo de pornografía en la adolescencia, siendo actualmente uno de los factores complejos que explican los cambios en las creencias, actitudes, así como en la salud y conducta sexual y social. Tres características de la pornografía se asocian a su relevancia en la adolescencia: la producción masiva de productos pornográficos, la cual facilita que se puede encontrar cualquier actividad sexual humana, aunque la representación que se ofrece sea mayoritariamente violenta y muestre una imagen de las mujeres y de la sexualidad muy pobre. El acceso es ilimitado y no tiene casi ningún tipo de moderaciones críticas, ya que no se dispone de educación de las emociones, los afectos, las relaciones y la sexualidad; además de observarse la banalización de los impactos en la adolescencia. Finalmente, parece también claro se olvida qué significa la adolescencia y se deja, en un momento clave de la formación psicosocial, que la industria pornográfica, así como el resto de industrias vinculadas a internet, tengan acceso ilimitado.

Se puede concluir que la pornografía en internet es la dominante actualmente y tiene impactos significativos en las relaciones interpersonales, que son de diversos tipos, entre los que destacan las distorsiones en la percepción: distorsiones sobre el desarrollo del imaginario sexual, percepción de las mujeres, percepción del propio cuerpo y de los modelos de conducta. Distorsiones en las actitudes, entendidas como precursores de conductas: reducción de la cultura de la protección y rechazo de los preservativos, desconexión de la empatía, aceptación de la violencia sexual de diversos tipos.

Riesgo para la salud sexual, afectando negativamente al sexo seguro, deteriorando la empatía y la capacidad para construir una intimidad igualitaria, alterando las características de personalidad frágiles.

Conductas y prácticas sociales: sexualidad menos placentera, implicación en prácticas de riesgo social y para la salud, violencia sexual, conducta no normativa, así como un conjunto de impactos que aún requieren de investigaciones más detalladas.

5. REFERENCIAS

Adarsh, H., & Sahoo, S. (2023). Pornography and its impact on adolescent/ teenage sexuality. *Journal of psychosexual health, 5*(1), 35-39. https://doi.org/10.1177/26318318231153984

Ali, S., Haykal, H. A., & Youssef, E. Y. M. (2023). Child sexual abuse and the internet—a systematic review. *Human Arenas, 6*(2), 404-421. https://doi.org/10.1007/s42087-021-00228-9

Alonso-Ruido, P., Sande-Muñiz, M., & Regueiro, B. (2022). ¿Pornografía al alcance de un clic? Una revisión de la literatura reciente sobre adolescentes españoles. *Revista de estudios e investigación en psicología y educación, 9*(1), 1-18. https://doi.org/10.17979/reipe.2022.9.1.8653

Andamon, L. C. B., Bacote, I. H. O., Estampa, K. G., Sabuero, L. J. G., & Genelza, G. G. Regain Consciousness: The Impact of Internet Pornography on Children And Adolescents–A Review. *International Journal of Human Research and Social Science Studies, 2(4),* 160-177. https://doi.org/10.55677/ijhrsss/07-2025-Vol02I4

Andrie, E.K.; Sakou, I.I.; Tzavela, E.C.; Richardson, C.; Tsitsika, A.K. Adolescents' Online Pornography Exposure and Its Relationship to Sociodemographic and psychopathological Correlates: A Cross-Sectional Study in Six European Countries. Children 2021, 8,925. https://doi.org/10.3390/children8100925

Astuti, S. A. T., & Winarti, Y. (2022). A Scoping Review: The Impact of Pornography Addiction on Adolescents. *Muhammadiyah International Public Health and Medicine Proceeding, 2*(1), 366-381.

Aznar-Martínez, B., Lorente-de-Sanz, J., Ballester, L., & Sedano, S. (2023). Evaluación del consumo de pornografía en las adolescentes: análisis del consumo de NPO en la población femenina. *Journal of Feminist, Gender and Women Studies, 15,* 56-73. https://doi.org/10.15366/jfgws2023.15.003

Ballester, L., Rosón, C., Facal, T., Gómez, R. (2021). Nueva pornografía y desconexión empática. *Atlánticas, Revista Internacional de Estudios Feministas, 6*(1), 67-105. https://doi.org/10.17979/arief.2021.6.1.7075

Ballester, L., Sedano, S., Aznar-Martínez, B., Cabellos, A., Lorente, J. y Nadal, M. (2023). Diagnóstico sobre acceso, consumo e implicaciones de la nueva pornografía en línea en las Islas Baleares. En: V. Milano (dir.). *Estudio sobre pornografía en las Islas Baleares: acceso e impacto sobre la adolescencia, derecho internacional y nacional aplicable y soluciones tecnológicas de control y bloqueo* (pp. 28-287). Institut Balear de la Dona.

Ballester, L., Sedano, S. (2024). *La industria pornográfica en internet.* Octaedro.

Behun, R., & Owens, E. W. (2020). *Youth and internet pornography: The impact and influence on adolescent development.* Routledge. https://doi.org/10.4324/9780429423147

Cavalcante de Assis, D. (2024). The impact of online pornography on adolescent health. *Research, Society and Development, 13*(6), e7013646037-e7013646037. https://doi.org/10.33448/rsd-v13i6.46037

de Heer, B., Prior, S., & Fejervary, J. (2021). Women's pornography consumption, alcohol use, and sexual victimization. *Violence against women, 27*(10), 1678-1695. https://doi.org/10.1177/1077801220945035

Díaz-Hernández, C., Gutiérrez-Barroso, J., & Martín-Palomino, E. T. (2024). Pornography consumption and sexual behaviors in Spanish adolescents and young adults: Findings from a sample of girls and boys aged 15 to 29 years. *Multidisciplinary Journal of Gender Studies, 13*(3), 156-174. https://doi.org/10.17583/generos.14080

Donevan, M., Jonsson, L., Bladh, M., Priebe, G., Fredlund, C., & Svedin, C. G. (2022). Adolescents' use of pornography: Trends over a ten-year period in Sweden. *Archives of Sexual Behavior, 51*(2), 1125-1140. https://doi.org/10.1007/s10508-021-02084-8

Efrati, Y., & Amichai-Hamburger, Y. (2020). Are adolescents who consume pornography different from those who engaged in online sexual activities? *Children and Youth Services Review, 111*, 104843. https://doi.org/10.1016/j.childyouth.2020.104843

Faisal, N. A., Johari, K. S. K., Amat, M. I., & Yusof, R. (2022). Pornography Addiction on Adolescent: A Systemic Review of Reported Impact on Brain and Sexual Behavior. *International Journal of Academic Research in Business and Social Sciences. 12(6)*, 2028-2041. https://dx.doi.org/10.6007/IJARBSS/v12-i6/14214

Gámez-Medina, M. E., Ahumada-Cortez, J. G., Valdez-Montero, C., & Caudillo-Ortega, L. (2020). Uso de pornografía y consumo de drogas lícitas en adolescentes. *Ra Ximhai, 16*(3 Especial), 149-168. https://doi.org/10.35197/rx.16.03.2020.08.mg

Gewirtz & Meydan, A., Bo&the, B., Spivak&Lavi, Z. (2024). The Associations of Pornography Use and Body Image Among Heterosexual and Sexual Minority Men. *Archives of Sexual Behavior, 53*, 3379–3392. https://doi.org/10.1007/s10508-024-02887-5

Goh, P. H., Phuah, L. A., & Low, Y. H. (2023). Pornography consumption and sexual health among emerging adults from Malaysia: an observational study. *Sexual health, 20*(2), 134-147. https://doi.org/10.1071/SH22181

González-Hernández, A., Carcedo-González, R. J., & Benito del Arco, A. (2024). Pornografía y conductas sexuales de riesgo en adolescentes y jóvenes: una revisión sistemática. *Revista Complutense de Educación, 35*(4), 729-739. https://doi.org/10.5209/rced.86191

Hearn, J., & Hall, M. (2022). From physical violence to online violation: Forms, structures and effects: A comparison of the cases of 'domestic violence'and 'revenge pornography'. *Aggression and violent behavior.* https://doi.org/10.1016/j.avb.2022.101779.

Hidalgo de la Rosa, M. (2023). Pornografía y salud sexual en adolescentes. *NURE investigación: Revista Científica de enfermería,* (123), 6. https://doi.org/10.58722/nure.v20i123.2360

Hornor, G. (2020). Child and adolescent pornography exposure. *Journal of Pediatric Health Care, 34*(2), 191-199. https://doi.org/10.1016/j.pedhc.2019.10.001

Idoiaga-Mondragon, N., Eiguren Munitis, A., Ozamiz-Etxebarria, N., & Alonso Saez, I. (2024). Let Us educate on pornography: Young education students' representations of pornography. *Sexuality Research and Social Policy,* 1-11. https://doi.org/10.1007/s13178-023-00930-z

Kohut, T., Landripet, I. & Štulhofer, A. (2021). Testing the Confluence Model of the Association Between Pornography Use and Male Sexual Aggression: A Longitudinal Assessment in Two Independent Adolescent Samples from Croatia. *Archives of Sexual Behavior,* 50, 647–665. https://doi.org/10.1007/s10508-020-01824-6

Li, L., Wang, X., Tang, S., and Wang, J. (2023) Family functioning and problematic internet pornography use among adolescents: a moderated mediation model. Frontiers Public Health, 15 June, 7p. https://doi.org/10.3389/fpubh.2023.1199835

López de Ayala, M. C., Pastor, Y., & Catalina, B. (2024). Relaciones afectivo-sexuales en línea de los adolescentes: factores explicativos de sus prácticas y experiencias. *Aloma: Revista de Psicologia, Ciències de l'Educació i de l'Esport, 42*(1), 26-34. https://doi.org/10.51698/aloma.2024.42.1.26-34

Martellozzo, E., Monaghan, A., Davidson, J., & Adler, J. (2020). Researching the affects that online pornography has on UK adolescents aged 11 to 16. *Sage open, 10*(1). https://doi.org/10.1177/2158244019899462

Mestre-Bach, G., Villena-Moya, A., & Chiclana-Actis, C. (2023). Pornography Use and Violence: A Systematic Review of the Last 20 Years. *Trauma, Violence, & Abuse, 25*(2), 1088-1112. https://doi.org/10.1177/15248380231173619

Morelli, M., Nappa, M. R., Chirumbolo, A., Wright, P. J., Pabian, S., Baiocco, R., & Cattelino, E. (2024). Is Adolescents' Cyber Dating Violence Perpetration Related to Problematic Pornography Use? The Moderating Role of Hostile Sexism. *Health communication*, 1-11. https://doi.org/10.1080/10410236.2024.2304495

Mori, C., Park, J., Racine, N., Ganshorn, H., Hartwick, C., & Madigan, S. (2023). Exposure to Sexual Content and Problematic Sexual Behaviors in Children and Adolescents: A Systematic Review and Meta-Analysis. *Child Abuse & Neglect*, 143, 106255. https://doi.org/10.1016/j.chiabu.2023.106255

Paslakis, G., Chiclana Actis, C., & Mestre-Bach, G. (2022). Associations between pornography exposure, body image and sexual body image: A systematic review. *Journal of Health Psychology*, *27*(3), 743-760. https://doi.org/10.1177/1359105320967085

Pathmendra, P., Raggatt, M., Lim, M. S., Marino, J. L., & Skinner, S. R. (2023). Exposure to pornography and adolescent sexual behavior: systematic review. *Journal of medical internet research*, *25*, e43116. https://doi.org/10.2196/43116

Paulus, F. W., Nouri, F., Ohmann, S., Möhler, E., & Popow, C. (2024). The impact of Internet pornography on children and adolescents: A systematic review. *L'encephale*, *50*, 649-662. https://doi.org/10.1016/j.encep.2023.12.004

Quadara, A., El-Murr, A. & Latham, J. (2017). *The effects of pornography on children and young people: An evidence scan*. Melbourne: Australian Institute of Family Studies.

Ramiro-Sánchez, T., Gallardo-Vigil, M. Á., & Ramiro-Sánchez, M. (2023). Pornography use and sexual risk behaviors in adolescents: A systematic review. *ReiDoCrea*, 12(9), 98-116. https://doi.org/10.30827/Digibug.81001

Rojas-Estrada, E. G., Vizcaíno-Verdú, A., & Bonilla-del-Río, M. (2024). Sexual (mis) information: Pornography and adolescence in the digital space. In *Comprehensive sexuality education for gender-based violence prevention* (pp. 265-284). IGI Global. https://doi.org/10.4018/979-8-3693-2053-2.ch015

Román-García, Ó., Bacigalupe, A., & García, C. V. (2021). Sexual and reproductive health effects of mainstream pornography use in adolescents. *Revista española de salud pública*, *95*, e202108102.

Rothman, E. F., Beckmeyer, J. J., Herbenick, D., Fu, T. C., Dodge, B., & Fortenberry, J. D. (2021). The prevalence of using pornography for information about how to have sex: Findings from a nationally representative survey of US adolescents and young adults. *Archives of Sexual Behavior*, *50*, 629-646. https://doi.org/10.1007/s10508-020-01877-7

Sedano, S., Lorente-De-Sanz, J., Ballester, L., & Aznar-Martínez, B. (2024). Acceso, consumo y consecuencias del consumo de pornografía entre adolescentes: nuevos retos para la educación afectivo-sexual. *Pedagogía social: revista interuniversitaria, 44,* 161-175. https://doi.org/10.7179/PSRI_2024.44.09

Testa, G., Mestre-Bach, G., Chiclana Actis, C., & Potenza, M. N. (2023). Problematic pornography use in adolescents: From prevention to intervention. *Current Addiction Reports, 10*(2), 210-218. https://doi.org/10.1007/s40429-023-00469-4

Vasquez, M., Daspe, M. È., Böthe, B., Brassard, A., Lussier, Y., & Vaillancourt-Morel, M. P. (2024). Associations between pornography use frequency and intimate partner violence perpetration among young adult couples: a 2-year longitudinal study. *Journal of interpersonal violence,* 39(21-22) 4260-4284. https://doi.org/10.1177/08862605241234656

Vertongen, R., Chamberlain, K., & van Ommen, C. (2022). Pornography and adolescents: unravelling dominant research assumptions. *Porn studies, 9*(4), 430-444. https://doi.org/10.1080/23268743.2022.2114532

Villena-Moya, A., Potenza, M. N., Granero, R., Paiva, U., Arrondo, G., Chiclana Actis, C., Fernández-Aranda, F., Jiménez-Murcia, S., Normand, E., Ballester, L., Mestre-Bach, G. (2025). Sex differences in problematic pornography use among adolescents: a network analysis. *BMC Psychology, 2025,* 13. https://doi.org/10.1186/s40359-025-02624-0

Wright, P. J., Paul, B., & Herbenick, D. (2021). Preliminary insights from a US probability sample on adolescents' pornography exposure, media psychology, and sexual aggression. *Journal of Health Communication, 26*(1), 39-46. https://doi.org/10.1080/10810730.2021.1887980

Wright, P. J., Tokunaga, R. S., Herbenick, D., & Paul, B. (2022). Pornography vs. sexual science: The role of pornography use and dependency in US teenagers' sexual illiteracy. *Communication Monographs, 89*(3), 332-353. https://doi.org/10.1080/03637751.2021.1987486

Zafra-Agea, J. A., Ramírez-Baraldes, E. L., García-Salido, C., García-Gutiérrez, D., & Vilafranca-Cartagena, M. (2024). Affective–sexual behaviors in youth: Analysis of a public health survey in the school setting. *Healthcare,*12(17), 1762. MDPI. https://doi.org/10.3390/healthcare12171762

Capítulo 7

"Sugardating no es prostitución", *¿o sí?*

ANDREA GARCÍA RODRÍGUEZ
Asociación Faraxa

1. INTRODUCCIÓN

El sistema porno-prostitucional, aliado del patriarcado y de las lógicas capitalistas y neoliberales, ha encontrado en las plataformas digitales, los contextos idóneos para su expansión. Páginas como Onlyfans y las específicas para las *"relaciones de azúcar"* ("*sugardating*") como Seeking o SugarDaddyEspaña, han posibilitado el traslado masivo de la industria de la explotación sexual al ámbito digital, dando lugar a una oferta y demanda organizada de prostitución y pornografía con una accesibilidad sin precedentes y un formato 24/7 que ha facilitado su acceso y promovido su normalización.

El estudio etnográfico realizado en el proyecto del que emana este capítulo revela cómo estas relaciones, reproducen dinámicas de poder al adaptar la sexualidad de las mujeres a la norma heteropatriarcal y consolidar un arquetipo de mujer como objeto sexual. Promueven un modelo de feminidad hipersexualizada bajo el control masculino y representan a las mujeres ejemplificando la cosificación. En estos espacios son deshumanizadas, reducidas a la condición de objetos y exhibidas. Son convertidas en objetos sexuales hipersexualizados a disposición inmediata de las peticiones masculinas (Bengoechea, 2006).

Por tanto, la digitalización de este sistema no sólo ha potenciado la oferta y la demanda, sino que ha dado validez a su existencia mediante un discurso dominante que idealiza estas prácticas (Haddini, 2022). Un relato que se propaga tanto en lugares explícitos de pornografía y prostitución como en redes sociales que, pese a sus limitaciones formales, se han transformado en medios esenciales para visibilizar, publicitar y acceder a este fenómeno.

En consecuencia, se asocia este modelo relacional con el lujo y el amor encubriendo su conexión con la pornografía, la prostitución y la trata. Una estrategia que enmascara el sistema porno-prostitucional mientras promueve su legitimación e integración en la cultura global.

2. DIGITALIZACIÓN DEL SISTEMA PORNO-PROSTITUCIONAL

Buscar en Instagram, TikTok u otras redes, conceptos como *"sugardaddy"* o *"sugarbaby"*, presenta miles de resultados donde mujeres jóvenes aparentan sostener vínculos amorosos con hombres de edad avanzada mientras exhiben grandes sumas de dinero, vehículos o artículos de lujo.

Más allá de la viralización de este contenido bajo títulos como *"mi sugardaddy cambió mi vida"* que idealizan e incentivan a involucrarse en el fenómeno, los comentarios evidencian un elevado nivel de tolerancia y legitimación. Menores y mayores de edad manifiestan expresiones de deseo por formar parte de estas dinámicas, lo que se debe al lenguaje utilizado para definirlo. Se utilizan conceptos tales como *"sugarbaby" ("bebé de azúcar"), "sugardaddy", ("papá de azúcar")* o *"sugardating" ("relación de azúcar")* que edulcoran y trivializan una realidad que fortalece la normalización de la la tríada, ya que, con estos términos, el fenómeno se representa desvinculado de su significado, estigma y consecuencias (Meneses, 2009; Ranea, 2021; Ballester y Sedano, 2024).

Sin embargo, la creciente demanda mundial de prostitución y pornografía agudiza la relación con la trata con estos fines, promoviendo un sistema que requiere una oferta constantemente renovada (Healy-Cullen et al., 2021). En este modelo, redes y proxenetas atraen y captan a niñas y mujeres a través de Internet, utilizando redes sociales y plataformas como OnlyFans y las que promueven las *"relaciones de azúcar"*, lugares que aseguran una mayor invisibilidad (Diaconía, 2022). Páginas que reúnen a miles de mujeres en su mayoría menores de 25 años, el perfil que constituye el principal reclamo masculino en la prostitución y, por ende, coincide con el de las víctimas y potenciales víctimas de trata por tales motivos (Oficina de las Naciones Unidas contra la Droga y el Delito [UNODC], 2024; Gómez y Pérez, 2010).

Este traslado al ámbito digital, ha configurado nuevas formas de desarrollar la pornografía, la prostitución y la trata en los espacios virtuales, permitiendo que sea más accesible, instantánea, que garantice el anonimato, una oferta diversa e ilimitada, bajos costes, que permita personalizar y hacer única la demanda y cuya publicidad asociada se encargue de romantizarla (Médicos del Mundo, 2023; Ballester y Sedano, 2024).

Paralelamente, las lógicas neoliberales y patriarcales han impregnado los imaginarios colectivos, consiguiendo que se interioricen creencias que vinculan la posibilidad de sexualizar, cosificar y mercantilizar el cuerpo de las mujeres con el lucro económico desde un discurso de empoderamiento, libertad y consentimiento (De Miguel, 2015). Como resultado, las empresas tecnológicas que gestionan estas plataformas han articulado un sistema de creencias (que se difunde masivamente por Internet) que desempeña un papel clave en los procesos ideológicos de normalización de la tríada pornografía, prostitución y trata. Principalmente porque el discurso promovido disocia la tríada del sugardating mediante su romantización, idealizando *"las relaciones de azúcar"* y en consecuencia el sistema porno-prostitucional (Keighley y Sanders, 2024; Breslin y O'Connor, 2024).

3. SUGARDATING: RAÍCES DE UN FENÓMENO MUNDIAL

Desde hace unas décadas, no sólo aumentan las plataformas específicas de prostitución, la demanda y la oferta, sino que emergen nuevas que se disocian de las tradicionales y son aceptadas socialmente (Ballester, Pozo y Orte, 2014).

Estas plataformas, como las específicas de sugardating, constituyen lugares donde los hombres acceden al consumo de prostitución y cuyas funciones consisten en ofrecer un espacio común basado en la exposición del cuerpo femenino, su cosificación, sexualización y mercantilización, y en el que se establecen las localizaciones, precios y prácticas a realizar (Indexa Geodata, 2024).

Es decir, nuevos contextos prostitucionales que permiten y articulan los tres procesos de los cuales son causa y consecuencia la prostitución: la hipersexualización, la cosificación y la posterior mercantilización de las mujeres (Torres, 2024).

Desde la creación en 2006 de SeekingArrangement , se ha desarrollado un fenómeno denominado *"sugardating"* o *"relaciones de azúcar"* que actualmente es de alcance mundial. Sin embargo, al definirse como *"acuerdos, negociaciones, pactos y relaciones consensuadas"* (Seeking, 2024), encubren toda forma de prostitución. De hecho, aunque la publicidad evita mencionar las prácticas sexuales o la pornografía, investigaciones e informes policiales han demostrado que son elementos centrales en ellas (Motz, 2014; Miller, 2021; Gunnarson y Strid, 2021; Gunnarson, 2023).

Seeking, fue creada como la primera página específica para estas relaciones bajo la dirección de un conjunto de empresas del sector tecnológico (que poseen otras similares). Ha sido la primera en emerger y dar nombre al fenómeno, y tras 19 años, continúa atrayendo a millones de personas de todo el mundo, siendo en la actualidad más de 52 millones de más de 130 países las registradas en ella (Seeking, 2024).

Sin embargo, el hecho de que "*por cada 4 mujeres hermosas, haya un hombre exitoso*" (Seeking, 2024), demuestra el desequilibrio estructural entre la oferta y la demanda. Es que, si de los 52 millones de personas registradas, la demanda está constituida aproximadamente por 2 millones de hombres frente a una oferta de 50 millones de mujeres, ¿no es una situación de desigualdad que refleja un desequilibrio que otorga al grupo masculino mayor poder de decisión y elección mientras amplifica su capacidad de control sobre las mujeres?

Al fin y al cabo, es en este contexto donde los hombres (definidos como *"exitosos, extraordinarios, que proporcionan apoyo y estatus"*) tienen garantizado el acceso a una amplia diversidad de mujeres que pueden seleccionar y elegir. Mientras, el hecho de que las mujeres (definidas como *"jóvenes, atractivas, que ofrecen compañía"*) constituyan la oferta masiva en este sistema, acentúa su dependencia y vulnerabilidad (Seeking, 2024).

Por tanto, más que un modelo basado en la libre elección y en la reciprocidad, ¿No es un mecanismo de control que, bajo una publicidad vinculada al lujo y al romanticismo, perpetúa las dinámicas heteropatriarcales de subordinación femenina? Lo cierto, es que Seeking no es la única página existente, hay cientos de plataformas cuyas estrategias de marketing, publicidad, discursos, narrativa, roles, imaginarios y modelo relacional que promueven, describen el fenómeno.

No obstante, asentó las bases para nuevas plataformas y empresas tecnológicas, que adoptaron y expandieron su modelo de negocio contribuyendo a normalizar e institucionalizar un modelo relacional heterosexual, asimétrico y desigual que a día de hoy, cuenta con una infraestructura tecnológica y global que lo sostiene, lo refuerza y lo expande. Una estructura que engloba a millones de personas registradas activas, miles de registros diarios y proporciones de entre 4 y 6 mujeres por hombre registrado. Un conglomerado a escala mundial que evidencia cómo lejos de ser una cuestión marginal, es un fenómeno de alcance e impacto global.

3.1. Sugardating: una práctica normalizada desde la adolescencia

En 2020, una revisión de 49 estudios sobre explotación sexual infantil y adolescente con más de 14.000 participantes de 37 países concluyó que aumenta el número de menores que recurren al *"intercambio de prácticas sexuales por dinero"* para obtener diferentes bienes de consumo (Buller et al., 2020). Este hallazgo es clave en el análisis de este fenómeno porque, aunque no se presentan como espacios de prostitución y pornografía, replican sus dinámicas y lógicas.

Por tanto, sabiendo que estas dinámicas son normalizadas antes de la mayoría de edad, ¿sugardating es un fenómeno aislado, o un mecanismo que perpetúa su continuidad en la adultez bajo un discurso legitimador?

Ante esto, no podemos obviar, que aunque las políticas de cada página prohíben el registro de menores, no es una cuestión aislada su presencia en redes como Instagram o TikTok y en plataformas digitales como OnlyFans, donde utilizan métodos de pago sustraídos de mayores de edad para acceder a contenido pornográfico, el mayoritario de la plataforma (Titheradge, 2021; Palomeque, 2021).

Por tanto, ¿qué garantías existen de que no hay menores en páginas de sugardating, especialmente si se tiene en cuenta que el modelo relacional que promueven, es la materialización y normalización de unas dinámicas que van naturalizando desde la minoría de edad?.

Paralelamente, aumenta la tendencia a desvincular el fenómeno de la prostitución, argumentando que el sexo no es un elemento central (Song y Morash, 2016; Scull, 2019), que son relaciones románticas o *"experiencias de novia"* (Swader y Vorobeva, 2015; Stoebenau et al., 2016), y que más allá de pagos económicos, se intercambian *"regalos"* por *"compañía"* (Nayar, 2017). Un enfoque que, si bien coincide con la narrativa publicitaria de las plataformas, ignora la raíz del fenómeno como consecuencia de la digitalización del sistema porno-prostitucional, ya que, lejos de ser *"relaciones recíprocas, de beneficios mutuos"*, son relaciones asimétricas que giran en torno a las demandas masculinas, donde los hombres al poseer el capital económico imponen las condiciones y las dinámicas. Una demostración de cómo no es el amor el eje de estas relaciones, sino el dinero, el elemento que diluye todo consentimiento y reciprocidad existente (Gunnarson y Strid, 2021; 2022).

Este rechazo por equipararse con la prostitución es una estrategia publicitaria adoptada por las empresas y por las personas involucradas como mecanismo de disociación y aceptación del fenómeno.

Las mujeres, pese a equiparar estas relaciones con la prostitución (afirmando que sólo varía el lenguaje), coinciden en que la pornografía y la prostitución no son demandas iniciales, pero sí centrales. Por tanto, establecer *"relaciones de azúcar"* y conseguir beneficios económicos implica aceptar la pornografía y la prostitución (Gunnarson y Strid, 2022).

3.2. Sugardating: Un discurso azucarado sobre el sistema porno-prostitucional

La publicidad difundida, ofrece una sensación de control para las mujeres que incita a su registro (Palomeque, 2021).

Por ejemplo, los "*acuerdos y contratos*" son considerados formas de establecer límites y garantizar su control sobre las demandas. Paralelamente, la valoración negativa que realizan de las relaciones heterosexuales convencionales refuerza la percepción positiva del fenómeno, contribuyendo a su alineación con la publicidad hegemónica (Gunnarsson, 2023).

Una narrativa difundida en redes de alcance mundial como TikTok, Youtube o Instagram, que refuerzan su legitimación y normalización, amplificando su alcance e impacto.

Sin embargo, el acceso a información en ellas puede estar condicionado a requisitos de edad, suscripciones o registros. Por ello, la publicidad de las plataformas específicas es accesible para cualquier persona, desde cualquier lugar, y de forma inmediata.

Es que, introducir un concepto relacionado con el fenómeno en Google redirige automáticamente a páginas presentes en diversos países que comparten una narrativa común que idealiza y romantiza el sugardating. Además, existen páginas específicas para cada país que replican la publicidad adaptándola al contexto, pero manteniendo la estructura, el mismo enfoque y bajo las mismas lógicas. Páginas como SugarDaddyEspaña, propiedad de la empresa tecnológica estadounidense *"GreenClouds LLC"* que opera en el país, pero está sometida a la jurisdicción y legislación de Estados Unidos.

La plataforma "*líder a nivel nacional*" con más de 99.000 personas registradas y un crecimiento que supera los 10.000 perfiles anuales.

4. PERFILES, ROLES Y RELACIONES DE PODER

Dentro de los esfuerzos por idealizar el fenómeno y alejarlo de la prostitución y de las relaciones de poder, las empresas enmascaran las desigualdades de género en su publicidad. Eliminan la brecha de género para construir una imagen de aparente simetría donde mujeres y hombres participan en igualdad de condiciones. Por ejemplo, pese a afirmar que hay mujeres bajo el rol de *"sugardaddy"* (*"empresario con capital económico"),* y hombres como *"sugarbaby" ("jóven con necesidades económicas"),* son figuras prácticamente inexistentes y atípicas. De hecho, en algunas plataformas no se incluyen como opciones de registro (SugarDaddyEspaña, 2025).

Algo que, más que acercarse a la realidad del modelo, se asemeja a una estrategia discursiva propia del sistema porno-prostitucional, ¿o no se justifica la prostitución con la existencia de oferta masculina y demanda femenina?.

Por otro lado, en función del rol de registro las condiciones difieren. Mientras la categoría "*sugarbaby*" es gratuita (el acceso y uso de la página no está sujeto a pago alguno), como *"sugardaddy"* es obligatorio el pago de una cuota que varía desde los 49,95€ mensuales hasta los 369,95€ anuales para interactuar en ella (SugarDaddyEspaña, 2025). Por tanto, si el acceso es gratuito para las mujeres y previo pago para los hombres, ¿cuál es el "producto" que ofrecen?.

Tras extraer una muestra aleatoria de 1.825 perfiles, se constató que la mayoría bajo el rol de "*sugarbaby*" son mujeres de entre 18 y 30 años de todas las Comunidades Autónomas, mientras que los "*sugardaddies*", son hombres con más de 30 años, de CC.AA concretas.

Una sobrerrepresentación que dista de ser casual, ya que esta franja etaria constituye el principal reclamo dentro del sistema porno-prostitucional y por tanto el perfil de potencial y principal víctima de trata para estos fines (Centro de Inteligencia Contra el Terrorismo y el Crimen Organizado, 2023; UNODC, 2022).

El contenido de los perfiles refleja datos de identificación precisos principalmente en el caso de las mujeres, contribuyendo a la visibilidad y exposición femenina y a la invisibilidad y ocultación masculina, tan propia del sistema porno-prostitucional (Ranea, 2023).

Las mujeres indican detalladamente la edad, el lugar de residencia, perfiles en otras redes, el estatus ocupacional, autodescripciones, autopercepciones, motivaciones de uso o expectativas, fotografías y vídeos, entre otros aspectos que reflejan su imaginario en relación con el fenómeno.

De este modo, mientras la mitad de ellas se registra utilizando su nombre y apellidos, el 85,8% de los hombres no ofrecen estos datos. De hecho, mientras el 10,6% de mujeres utilizaron pseudónimos, los hombres lo hicieron el 30%. Por otro lado, mientras 178 mujeres compartieron el enlace directo a su perfil de Onlyfans, 4 de 113 hombres publicaron su Telegram.

Sin embargo, el cómo se expone esta información y por ende, cómo se ha diseñado la interfaz, simula y por tanto, no es extraño que recuerde a los catálogos de mujeres típicos de la publicidad que sobre prostitución se ofrece a proxenetas y puteros (Salas, 2004), o directamente a las páginas específicas de prostitución. En ellas, las mujeres aparecen representadas de forma sexualizada, con imágenes con poca o nada de ropa, con información detallada sobre su nacionalidad, atributos físicos, expectativas, valoraciones sobre su apariencia, descripciones basadas en estereotipos de género y en ocasiones, resaltando sus necesidades e intereses económicos.

Por tanto, si la clave en el sugardating y en sus plataformas, radica en la exposición de mujeres para que los hombres puedan seleccionarlas y elegirlas, y si todo esto se lleva a cabo de un modo prácticamente idéntico al de otros contextos prostitucionales, ¿hasta qué punto es preciso afirmar que este modelo relacional no está reforzando las mismas lógicas de desigualdad que reproduce el sistema porno-prostitucional?.

> *"Joven, sexy, busco dinero. Bebé con cara de rusa."* (M, 18. Islas Baleares).

En coherencia con el alcance de la plataforma, aunque más del 90% de mujeres y hombres se identifican con nacionalidad española, en el caso de las mujeres, el 9,2% indica ser de un país ajeno a la Unión Europea (frente al 0,88% de los hombres). Este grupo, únicamente las mujeres, ponen el énfasis en considerar su nacionalidad como un rasgo erotizado, lo que guarda cierta analogía con el patrón típico de la publicidad pornográfica donde se clasifican los vídeos en categorías que resaltan las nacionalidades de las mujeres (*"japonesas, asiáticas, brasileñas"*) constituyendo las principales búsquedas en la plataforma a nivel mundial (Pornhub, 2024).

> *"Alegre, cariñosa, caliente y latina. Dispuesta a complacerte." (M, 18. Islas Canarias).*

"Sugarbaby" se asocia con el sexo femenino y la juventud, ya que son principalmente mujeres de edades inferiores a los 25-30 años las registradas y la presencia de mujeres de mayor edad, es residual.

En contraposición, la edad media de los hombres es de 47 años, y asciende a los 57 si se excluyen los casos menores de 30 (n=9). Un contraste que evidencia cómo el modelo relacional se sustenta en una diferencia de edad significativa que define los roles y establece las relaciones de poder basadas en la asimetría.

A esto, se añaden las discrepancias entre la edad que introducen intencionalmente en las descripciones y la fecha de nacimiento automática, destacando cómo el 22,14% de mujeres que se registraron con 23-25 años especificaron tener "*18 años*", un aspecto atípico en el grupo masculino.

Esta plataforma, en coherencia con la distribución de perfiles de las otras páginas del fenómeno que aseguran una proporción de entre cuatro y seis mujeres por cada hombre registrado, reflejan cómo las relaciones de azúcar, no son tan igualitarias y recíprocas como definen, si no, ¿por qué los perfiles siguen una distribución tan desigual?.

Lejos de ser casualidad, esta sobrerrepresentación femenina sugiere que la distribución en las plataformas dista de ser equitativa, y por tanto, que el modelo relacional se sostiene sobre una división de género concreta, donde la oferta la constituyen las mujeres y la demanda los hombres.

De este modo, la relación oferta-demanda, además de vulnerar el principio de no instrumentalización, supone la satisfacción de intereses masculinos a través de la mercantilización y utilización de la sexualidad de las mujeres, convirtiendo por tanto al modelo relacional que promueven, en ejercicios de poder y dominación, donde las mujeres están al servicio de los grupos masculinos (Kubissa, 2019).

4.1. Idealización del sugardating y romantización del sistema pornoprostitucional

La idea central sobre la que se sostiene el fenómeno reproduce los estereotipos de género tradicionales, lo que se evidencia en la publicidad y en los perfiles registrados. Por ejemplo, en más del 70% de los perfiles femeninos, las mujeres se alinean con el discurso hegemónico de las plataformas, asumiendo el rol de *"mujer ideal"* que publicitan estas empresas.

Así, el 74,65% lo hace en torno a estereotipos o características que las definen como *"complacientes, cariñosas, atentas, obedientes, disponibles, atractivas, con buen cuerpo, jóvenes, dóciles, nuevas, sin experiencia, recién llegadas a España, caprichosas, consumistas, que buscan hombres maduros, caballerosos, príncipes, a los que satisfacer y a los que estar sometidas"*.

Estas descripciones reflejan la cosificación sexual, el culto al cuerpo, los estereotipos de género, el consumismo y la vulnerabilidad de las mujeres frente a la idealización de los puteros. Manifestaciones del neoliberalismo sexual que perpetúan dinámicas basadas en la dependencia, la subordinación y la sumisión de las mujeres (De Miguel, 2015).

Este modelo legitima la mercantilización femenina mientras oculta las relaciones de poder y desigualdad. La sexualidad y las relaciones se transforman en productos de consumo y toda forma de prostitución, incluido el sugardating, se justifica bajo la lógica de que, si hay dinero de por medio, todo es aceptable porque "se limita a hacer aceptable lo inaceptable" (De Miguel, 2015, p.34-38), y se convierte en "el único instrumento legítimo para imponer el deseo masculino, que no tiene tal validez si no es en el sistema porno-prostitucional" (Ranea, 2022, p. 169).

> *"Muy femenina, cariñosa, estudiante educada, atenta y muy obediente".* (M, 18. Castilla y León).

Por otro lado, el 22,3% ha reforzado características asociadas a la juventud, haciendo hincapié en su *"recién mayoría de edad"*, en su estatus de estudiante (mayoritariamente universitarias) o en su virginidad. De hecho, la *"infantilización"* es un patrón común en las mujeres entre 18 y 25 años, siendo cada vez menor a medida que aumenta la edad.

Por ejemplo, son las mujeres entre 18 y 22 años quienes se centran en la *"infantilización, la feminidad normativa y la cosificación"*, quienes se definen como *"complacientes, serviciales, obedientes, pa-*

sionales, dulces, sensuales, calientes, exquisitas, con buen cuerpo, buena compañía y abiertas a todo".

> "*Aparento menos de los que tengo. No soy para todas las carteras. Saber estar y sumisa*" (M, 18. Zaragoza).

Sin embargo, las autodefiniciones literales como "*sumisas, obedientes, dispuestas a todo, a tu disposición, manejables, adaptables, baratas o caras*" tampoco son escasas, lo que demuestra la normalización y adopción por parte de las más jóvenes (18-22 años) de patrones de subordinación, dependencia, cosificación, vulnerabilidad y sumisión. De hecho, el total de descripciones donde asumen posiciones de sumisión, aumenta hasta el 5,9% si se tienen en cuenta las referencias a la "*infantilización*", "*cosificación sexual*", o "*feminidad normativa*". Un indicador que refleja patrones de tolerancia y aceptación de roles, dinámicas, y comportamientos propios de la industria de la explotación sexual, que no sólo facilitan la pornografía y la prostitución, sino la trata con estos fines.

> "*Muy sumisa y obediente, quiero que me aten y me eduquen*" (M, 20. Galicia).

Las mujeres se evalúan exclusivamente como si fueran objetos sexuales y en base a características corporales en aproximadamente el 75% de las descripciones, demostrando la prevalencia de la sexualización y de la tendencia a asociar su valor con su cuerpo y su sexualidad, dinámicas que son formas concretas de cosificación femenina (Sáez, Valor-Segura y Expósito, 2012).

En este sentido, el 75% son descripciones literales como "*objetos para placer sexual*" o "*propiedad del hombre*", vinculadas a la feminidad tradicional basada en el agrado y en la complacencia.

Dinámicas que corroboran que el objetivo común de las mujeres en estas relaciones es económico, mientras que para los hombres es una cuestión de poder y control (Gómez, Pérez y Verdugo, 2015), nada diferente al sistema porno-prostitucional.

> "*Busco un hombre que pueda hacer conmigo lo que quiera. Doy amor y cariño por dinero.*"(M,21. Castilla La Mancha).

En coherencia, el 60% de ellas, idealizaban en sus perfiles, el capital económico de los hombres, refiriéndose a ellos como *"hombres ideales, mentores, o verdaderos caballeros"*. Una tendencia a la idealización del putero, quienes se mantienen en el anonimato y garantizan su discreción (Ranea, 2023).

A esto, se añaden las imágenes que acompañan a los diferentes perfiles, ya que refuerzan la lógica de la cosificación. Aún estando las fotografías de índole sexual prohibidas por las políticas de la plataforma, el 41,8% de los perfiles femeninos, utilizaron una imagen hipersexualizada y/o pornográfica. Es decir, 765 perfiles con imágenes donde aparecen desde mujeres en lencería y cuerpos desnudos, hasta fotografías en las que están atadas o representando prácticas sexuales concretas. Casualmente, en el caso de los hombres predomina el uso de fotografías en las que su identidad permanece oculta, de hecho, el 60% se registró sin ellas.

> "*Todo lo que pidas te lo puedo dar, pero me tendrás que dar algo a cambio. Hago lo que sea por dinero*" (M,18. Castilla La Mancha).

De forma contraria, los perfiles masculinos se describen en base a su ocupación (por ejemplo, el 20,4% indicaba ser *"médico, ingeniero o empresario"*), o en función de su estatus económico (el 20% se define como *"maduro exitoso, millonario, con buen nivel de vida que ofrece ayuda y apoyo económico"*). Sin embargo, sus perfiles son descripciones detalladas de las características, requisitos y expectativas que demandan en las mujeres. Que sean *"guapas, atractivas, delgadas, jóvenes, universitarias, femeninas, complacientes y discretas"*, "*cuidadosas*",*"buena compañía y compañeras de viajes"* que tengan *"necesidades económicas"* o *"sumisas"*.

En concreto, el 10% demandaba mujeres "*dependientes económicamente*", el 5,3% *"jóvenes y/o universitarias"*, el 4,4%, *"sumisas y obedientes"*, el 6% *"jóvenes atractivas y sumisas"* y el 8% *"mujeres que acepten viajes pagados"*.

Además, 70 de los 113 hombres, demandaban exclusivamente "*encuentros presenciales*", y 55 de ellos *"relaciones sexuales"*, lo que nuevamente evidencia cómo, lo que esperan a corto, medio y largo plazo, está más relacionado con la prostitución y por tanto con la dominación, el poder y el control (Gómez, Pérez y Verdugo, 2016) que con la compañía, el placer y el amor.

Estos resultados, contradicen uno de los argumentos principales que sostienen y legitiman este fenómeno, su disociación con la prostitución. Y lo cierto, es que no han sido pocos los intentos que tanto por parte de estas plataformas como de las personas involucradas, han pretendido alejarlo del sistema porno-prostitucional, recalcando que *"sugardating no es prostitución"*, que *"sugarbaby"* no es una mujer prostituida y que *"sugardaddy"* no es ni un putero, ni un posible proxeneta.

Todo el marco discursivo expandido, aparentemente neutral, orienta el comportamiento, las percepciones, los imaginarios y los discursos de las personas que o bien, acceden a esta información o bien están registradas en estas plataformas. Por ello, todas las páginas dedican espacios exclusivos para diferenciar el sugardating de la prostitución, como los artículos para *"aclarar las diferencias entre una sugarbaby y una escort"* en los que defienden el sugardating como modelo relacinonal legitimado y no estigmatizado, un estilo de vida aceptado socialmente vinculado con el lujo, el amor, la voluntariedad y la libre elección mientras define la prostitución como un oficio o trabajo clandestino y estigmatizado (Sugar Daddy España, 2024).

Sin embargo, si el sugardating es un fenómeno completamente aislado y desligado de la definición más simplista del sistema porno-prostitucional, ¿cómo se explica que el 28,3% de hombres ofrecieron *"dinero por relaciones sexuales"* en sus descripciones, que el 40% de las mujeres hicieran referencia a la *"venta de contenido erótico, íntimo y sexual"*, que el 41,4% asegurara que acudiría a citas presenciales *"cara a cara previo pago"* y que el 12,4%, es decir, 212 mujeres especificaran directamente que mantendrían *"relaciones sexuales por dinero"*?.

Por tanto, ¿cómo se explica que lo que se demanda y ofrece en este espacio, es mayoritariamente pornografía y prostitución?.

"*Abierta a propuestas nuevas, me encantaría conocerte en persona...pollita recién salida del cascarón quiere un hombre adinerado. Si quieres sexo se irá viendo*" (M, 22. Galicia).

5. CONCLUSIONES

El análisis de "SugarDaddyEspaña" y el conglomerado de plataformas específicas para las "relaciones de azúcar" (*"sugardating"*) , revela cómo la digitalización de la industria de la explotación sexual ha permitido a estas plataformas consolidarse como los espacios idóneos para la pornografía, la prostitución y la trata con estos fines (Chan, Mojumder y Ghose, 2019). Entornos digitales que operan como nuevos contextos prostitucionales al ofrecer a grupos masculinos un acceso ilimitado a mujeres representadas como objetos sexuales y con una estructura asimétrica en la que las mujeres jóvenes (principalmente estudiantes entre 18 y 30 años) representan una oferta masiva frente a una demanda masculina con una edad media no inferior a los 45 años.

Los discursos de los 1.825 perfiles analizados reproducen patrones basados en el género. Mientras los hombres son idealizados, enfatizando atributos asociados al éxito, la inteligencia y el capital adquisitivo, las mujeres son descritas en relación a estereotipos de género que enfatizan el atractivo físico, la complacencia, la subordinación y la sumisión, siendo la cosificación femenina, común en todas las descripciones. En este contexto, 70 de cada 100 hombres especificaron en sus descripciones que buscaban encuentros presenciales, 55 de cada 100 demandaron explícitamente relaciones sexuales y 3 de cada 10 ofrecieron dinero por ellas. Del mismo modo, cerca del 42% de las mujeres además de utilizar fotografías pornográficas en sus perfiles, mencionaron la "venta de contenido erótico", de pornografía y 212 mujeres de entre 18 y 25 años, hicieron una referencia directa a la aceptación de "pagos por relaciones sexuales", es decir, de la prostitución.

Sin embargo, pese a la presencia de estas dinámicas, las empresas propietarias han desarrollado múltiples estrategias de marketing para idealizar el fenómeno y presentarlo como un modelo relacional atractivo y deseable.

En consecuencia, han conseguido su romantización y disociación de la tríada pornografía, prostitución y trata, y logrado persuadir, captar y convencer a millones de personas a nivel global exhibiendo una imagen y narrativa idealizada que oculta toda dinámica de cosificación, sexualización y mercantilización de las mujeres. Es decir, que invisibiliza, naturaliza y perpetúa, la esencia misma del sistema porno-prostitucional.

Por tanto, *"sugardating no es prostitución"*. Es mucho más. Es un nuevo contexto prostitucional que ha posibilitado el traslado del sistema porno-prostitucional al espacio digital, dando lugar a una demanda y oferta organizada de prostitución y de pornografía en un formato y una magnitud, sin precedentes.

6. AGRADECIMIENTOS

A Faraxa, contra viento y marea.

A Carmen Lago, porque toda esta lucha lleva tu nombre.

7. REFERENCIAS

Alario M. (2021). Política sexual de la pornografía. Sexo, desigualdad, violencia. Colección Feminismos. Ediciones Cátedra.

Ballester, L., Orte, C., y Pozo, R. P. (2014). Estudio de la nueva pornografía y relación sexual en jóvenes. Anduli, 13, 165-178. https://doi.org/10.12795/anduli.2014.i13.10

Ballester, LL., y Sedano, S. (Coords.). (2024). La industria pornográfica en internet: Características y consecuencias. Ediciones Octaedro. https://octaedro.com/wp-content/uploads/2024/11/9788410282827.pdf

Bengoechea M. (2006). «Rompo tus miembros uno a uno» (Pablo Neruda). De la reificación a la destrucción en la iconografía literaria de la amada.

Cuadernos de Trabajo Social, 19, 25-41. https://revistas.ucm.es/index.php/CUTS/article/view/CUTS0606110025

Breslin, R., y O'Connor, M. (2024). Facing Reality: Addressing the role of pornography pandemic of violence against women. En The Sexual Exploitation Research And Policy Institute (SERP).https://www.drugsandalcohol.ie/42035/1/SERP_Report_FINAL.pdf

Buller, A. M., Pichon, M., McAlpine, A., Cislaghi, B., Heise, L., y Meiksin, R. (2020). Systematic review of social norms, attitudes, and factual beliefs linked to the sexual exploitation of children and adolescents. Child Abuse & Neglect, 104, 104471. https://doi.org/10.1016/j.chiabu.2020.104471

Centro de Inteligencia Contra el Terrorismo y el Crimen Organizado (CITCO). (2023). Trata y explotación de seres humanos en España: Balance estadístico 2019-2023. En Ministerio del Interior.https://www.interior.gob.es/opencms/export/sites/default/.galleries/galeria-de-prensa/documentos-y-multimedia/balances-e-informes/2023/BALANCE-ESTADISTICO-TSH-2019-2023.pdf

Chan, J., Mojumder, P., & Ghose, A. (2019). The Digital Sin City: An Empirical Study of Craigslist's Impact on Prostitution Trends. Information Systems Research, 30(1), 219-238. https://doi.org/10.1287/isre.2018.0799

De Miguel, A. (2015). Neoliberalismo sexual: El mito de la libre elección. Cátedra.

Diaconía. (2022). Implicación e impacto de la tecnología en la trata con fines de explotación sexual. En https://diaconia.es/desactivalatrata/wp-content/uploads/Informe-V-Seminario-RLC-Trata-Web.pdf

Fernández, R(2024, 22 febrero). OnlyFans. Statista. https://es.statista.com/temas/11954/onlyfans/

García, A. (2024). La digitalización de la industria de la explotación sexual: Un estudio exploratorio sobre el fenómeno del sugardating en España. *Gender On Digital Journal Of Digital Feminism,* 2, 57-80. https://doi.org/10.35869/god.v2.5893

Gómez, Á., Pérez, S., & Verdugo, R.M. (2016). Dominación, sexualidad masculina y prostitución en España: ¿por qué los hombres españoles consumen sexo de pago? Convergencia Revista de Ciencias Sociales, 71. https://doi.org/10.29101/crcs.v0i71.3993

Gómez, A., y Pérez, S. (2010). Prostitución en Galicia: clientes e imaginarios femeninos. Estudos Feministas, 18(1), 121–140. http://www.jstor.org/stable/24328194

Gómez,Á., Pérez, S. & Verdugo, R.M.(2015).El putero español. Quiénes son y qué buscan los clientes de prostitución. Madrid: Catarata. 192 pp. ISBN: 978-84-9097-003-4.

Gunnarsson, L. (2023). The Allure of Transactional Intimacy in Sugar Dating. Sociological Perspectives, 67(1-3), 25-41. https://doi.org/10.1177/07311214231191771

Gunnarsson, L., y Strid, S. (2021). Varieties of Sugar Dating in Sweden: Content, Compensation, Motivations. Social Problems, 70(4), 1044-1062. https://doi.org/10.1093/socpro/spab063

Gunnarsson, L., y Strid, S. (2022). Chemistry or Service? Sugar Daddies' (Re)quest for Mutuality within the Confines of Commercial Exchange. The Journal Of Sex Research, 59(3), 309-320. https://doi.org/10.1080/00224499.2021.1952155

Haddini, J. (2022). La (in)seguridad de mujeres y niñas en redes de prostitución y trata de personas con fines de explotación sexual. Methaodos Revista de Ciencias Sociales, 10(2), 430-437. https://doi.org/10.17502/mrcs.v11i2.578

Healy-Cullen, S., Taylor, J. E., Ross, K., & Morison, T. (2021). Youth Encounters with Internet Por- nography: A Survey of Youth, Caregiver, and Educator Perspectives. Sexuality and Culture, 26(2), 491- 513. https://doi.org/10.1007/s12119-021-09904-y

Indexa Geodata. (2024). Trata, explotación sexual y prostitución de mujeres: una aproximación cuantitativa. En Ministerio de Igualdad. https://violenciagenero.igualdad.gob.es/wp-content/uploads/Informe-macroestudio-trata-.pdf

Keighley, R., y Sanders, T. (2024). The Eyes and Ears of Sexual Exploitation Online: Are Sex Buyers Part of the Prevention Puzzle to Reduce Harms in the Online Sex Industry? The British Journal Of Criminology, 64(5), 1131-1149. https://doi.org/10.1093/bjc/azae002

Kubissa, L.(2019). Reflexiones críticas sobre la prostitución desde el modelo abolicionista (Critical reflections on prostitution from the abolitionist model). Oñati Socio-legal Series, 9(1S), S27-S39. https://doi.org/10.35295/osls.iisl/0000-0000-0000-1003

Martins, R. (2024, 4 noviembre). Más de 70.000 hombres en Portugal frecuentan grupos de Telegram en los que comparten imágenes íntimas de mujeres. ElDiario.es. https://www.eldiario.es/sociedad/70-000-hombres-portugal-frecuentan-grupos-telegram-comparten-imagenes-intimas-mujeres_1_11790649.html

Médicos del Mundo. (2023). Prostitución en contextos digitales. En Instituto de las mujeres. https://www.inmujeres.gob.es/areasTematicas/

AreaEstudiosInvestigacion/docs/Estudios/Prostitucion_en_contextos_digitales.pdf

Meneses, C. (2009). Personas y contextos en la prostitución. Razón y Fe: Revista Hispanoamericana de Cultura, 260(1332), 197-208.https://dialnet.unirioja.es/servlet/articulo?codigo=3061245

Miller, A. Sugar Dating: A New Take on an old issue.Buffalo Journal of Gender, Law & Social Policy, 20, 33–64.Recuperado de:https://digitalcommons.law.buffalo.edu/bjglsp/vol20/iss1/4

Motz, T. (2014, 9 febrero). Sugar daddy website has coeds justifying prostitution. New York Post. https://nypost.com/2014/02/09/sugar-daddy-website-has-coeds-rationalizing-prostitution/

MySugarDaddy. (2025). Página oficial de MySugarDaddy. https://www.mysugardaddy.es/

Nayar, K. (2017). Sweetening the deal: dating for compensation in the digital age. Journal Of Gender Studies, 26(3), 335-346. https://doi.org/10.1080/09589236.2016.1273101

Oficina de las Naciones Unidas contra la Droga y el Delito [UNODC]. (2022). Global report on trafficking in persons 2022. En UNODC. United Nations. https://www.unodc.org/documents/data-and-analysis/glotip/2022/GLOTiP_2022_web.pdf

Oficina de las Naciones Unidas contra la Droga y el Delito [UNODC]. (2024). Global report on trafficking in persons 2024. https://www.unodc.org/documents/data-and-analysis/glotip/2024/GLOTIP2024_BOOK.pdf

Palomeque, R. (2021). Blurred lines: Technologies of heterosexual coercion in "sugar dating". Feminism & Psychology, 32(1), 44-61. https://doi.org/10.1177/09593535211030749

Pornhub. (2024). Year in Review. Pornhub Insights. https://www.pornhub.com/insights/2024-year-in-review

Ranea B. (2022). La representación de la prostitución como un escenario sin frustraciones masculinas: Asparkía Investigació Feminista, 41, 161-181. https://doi.org/10.6035/asparkia.6462

Ranea, B. (2021). Una mirada crítica al abordaje de la prostitución: reflexiones sobre la abolición. Gaceta Sanitaria, 35(1), 93-94. https://doi.org/10.1016/j.gaceta.2020.06.016

Ranea, B. (2023). "Es muy sencillo porque, ¿quién no tiene 20 euros o 30?": Consumismo y economización de la experiencia en las narrativas de hombres que demandan prostitución femenina en España. Revista Española De Sociología, 32(4), a196. https://doi.org/10.22325/fes/res.2023.196

Ruvic, D. (2024, 31 octubre). Detectado en Portugal un chat de Telegram donde 70.000 miembros intercambian sin permiso fotos íntimas de mujeres. Público. https://www.publico.es/mujer/detectado-portugal-chat-telegram-70-000-miembros-intercambian-permiso-fotos-intimas-mujeres.html

Sáez, G., Valor-Segura, I., & Expósito, F. (2012). ¿Empoderamiento o subyugación de la mujer? Experiencias de cosificación sexual interpersonal. Psychosocial Intervention, 21(1), 41-51. https://doi.org/10.5093/in2012v21n1a9

Salas, A. El Año Que Trafiqué Con Mujeres. Ediciones Martínez Roca. Madrid.2004.

Scull, M.(2019). "It's Its Own Thing": A Typology of Interpersonal Sugar Relationship Scripts. Sociological Perspectives, 63(1), 135-158. https://doi.org/10.1177/0731121419875115

Seeking. (2024). Página oficial de Seeking. https://www.seeking.com/es

Song, J., y Morash, M. (2014). Materialistic Desires or Childhood Adversities as Explanations for Girls' Trading Sex for Benefits. International Journal Of Offender Therapy And Comparative Criminology, 60(1), 62-81. https://doi.org/10.1177/0306624x14543769

Stoebenau, K., Heise, L., Wamoyi, J., & Bobrova, N. (2016). Revisiting the understanding of "transactional sex" in sub-Saharan Africa: A review and synthesis of the literature. Social Science & Medicine, 168, 186-197. https://doi.org/10.1016/j.socscimed.2016.09.023

SugarBook. (2025). The #1 sugar daddy & baby dating site & app. https://sugarbook.com/

SugarDaddy. (2024). The Elite of Sugar Daddy Dating in Germany - Sugar Daddy Dating. https://sugardaddy.date/en/

SugarDaddyEspaña. (2025, 18 febrero). Encuentra Sugar Daddy y Sugar Baby en España. Sugar Daddy España, Red Lider de Contactos Para Sugar Babys En España. https://xn–sugardaddyespaa-crb.com/

Swader, C., y Vorobeva, I. (2015) Receiving Gifts for Sex in Moscow, Kyiv, and Minsk: A Compensated Dating Survey. Sexuality & Culture 19, 321–348. https://doi.org/10.1007/s12119-014-9269-7

Tidy, J. (2024, 31 agosto). Telegram: cómo la app se ha vuelto una red popular para criminales que quieren atraer clientes. BBC News Mundo. https://www.bbc.com/mundo/articles/clynr837lnvo

Titheradge, N., y Croxford, R. (2021, 28 mayo). OnlyFans: menores venden videos explícitos aprovechando las fallas de controles de la plataforma. BBC News Mundo. https://www.bbc.com/mundo/noticias-57274593

Capítulo 8

Violencia en mujeres mayores una realidad a menudo invisibilizada. Análisis teórico.

CRISTINA BELÉN SAMPEDRO PALACIOS
Universidad de Jaén
YOLANDA MARÍA DE LA FUENTE ROBLES
Universidad de Jaén

1. INTRODUCCIÓN

Según la Organización Mundial de la Salud (2022), el maltrato a las personas mayores es un acto único o repetido que causa daño o sufrimiento a quien lo padece. También la falta de medidas apropiadas para evitar otros daños, que se produce en una relación basada en la confianza. Este tipo de violencia hacia personas mayores constituye una violación de los Derechos Humanos y puede darse en forma de maltrato físico, psicológico, emocional o sexual. Además, se divide en categorías en las que la violencia puede darse por razones económicas o materiales, abandono, desatención, y deterioro de la dignidad y falta de respeto hacia la persona.

A rasgos generales, la violencia dirigida a las personas mayores puede suceder en diferentes lugares, incluido el propio hogar de la persona, en la casa de algún miembro de la familia, en centros residenciales, centros de día u otros espacios de tipo comunitario. De la misma manera, la violencia a personas mayores poder ser infringida por diferentes actores como son la pareja, las propias familias, personas conocidas o extrañas, personal cuidador, personal proveedor de servicios y atención o incluso por parte de amigos/as.

En este sentido, la violencia hacia personas mayores está presente tanto en hombres como en mujeres. Sin embargo, la mayor parte de las víctimas de violencia suelen ser mujeres. Así mismo, existen algunas características personales que pueden ser delimitadas como factores de riesgo ante la aparición de situaciones de violencia. Algunas de estos factores de reisgo son: el aislamiento social, la demencia, la perdida de autonomía, la discapacidad y situación de dependencia (National Institute on Aging, 2020).

Tal y como se indica más arriba, aunque la violencia es un fenómeno que afecta a ambos sexos, las mujeres mayores continúan siendo silenciadas por la perseverancia de actitudes sociales discriminatorias y por la falta de una atención especializada y adecuada a su situación. Los datos respaldan esta realidad. En el año 2020, aproximadamente una de cada seis personas de 60 o más años experimentó alguna forma de abuso en sus entornos comunitarios cercanos.

De igual manera, durante los años de pandemia, los índices de violencia de género en los que se incluyen a mujeres mayores, se incrementaron drásticamente (Sánchez et al., 2020; Soeiro et al., 2023). Según la Organización de Naciones Unidas Mujeres (2023), el 34% de las mujeres de 60 o más años indicaron haber sufrido violencia o conocer a alguien que la había sufrido desde el inicio de la pandemia. A partí de estos datos y de acuerdo a lo expuesto por parte de los diferentes Órganos Internacionales, es importante reconocer la necesidad de estudio e intervención en la realidad que supone la violencia hacia mujeres mayores. Sobre todo ante el panorama de envejecimiento continuo por el que están pasando muchas de las sociedades actuales.

Según autores como Meyer et al. (2020), en este marco de referencia se destaca que la mayor parte del estudio científico sobre violencia contra mujeres se centra principalmente en mujeres de edades comprendidas entre los 15 y los 49 años. Se subraya que existe una falta de evidencia científica a nivel mundial con respecto a los patrones y tipos de violencia dada hacía mujeres de entre 50 y más años.

Desde el presente estudio de la literatura y síntesis temática se han identificado diferentes temas que suponen factores que afectan a las situaciones de violencia en mujeres mayores. Haciendo referencia a los diferentes riesgos asociados y factores de protección. De esta forma se identifica la existencia de una interseccionalidad entre el proceso de envejecimiento y las percepciones que vienen asociadas a la aparición de situaciones de violencia. La centralidad que suponen las normas sociales y los roles de género suponen un factor importante en el entendimiento de las causas de la violencia sufrida por mujeres mayores.

Además, este estudio pone en valor el impacto acumulativo que las diferentes formas de violencia suponen para la salud física y mental de estas mujeres. Sumando a esta situación las diferentes barreras de acceso a los Servicios Sociales y de Salud por parte de las mujeres mayores par abordar la situación de violencia.

2. OBJETIVOS

Para el desarrollo del estudio se han identificado una serie de objetivos que tienen que ver con la importancia del análisis y estudio de la realidad de violencia en mujeres mayores. Para articular esta idea inicial se han establecido principalmente dos objetivos:

- Primero, identificar y analizar el estado de cuestión del maltratado hacia personas mayores, deteniendo la mirada en la realidad de mujeres mayores.
- Segundo, identificar algunos ejemplos de estudios de campo en los que el foco de atención sean las mujeres mayores víctimas de violencia.
- Tercero, analizar las principales políticas sociales en las que se contempla la violencia en mujeres mayores.

Partiendo de estos tres objetivos específicos se establecen las líneas de revisión y análisis teórico del fenómeno estudiado.

3. METODOLOGÍA

La metodología elegida para la realización del estudio es cualitativa (Hernández-Sampieri y Mendoza, 2020), de acuerdo a un tipo de estudio exploratorio y descriptivo. Desde este enforque se permite crear una imagen general del tema estudiado. Esta perspectiva permitirá analizar en profundidad las bases teóricas e institucionales más importantes hasta la fecha en el ámbito nacional y andaluz. Para llevar a cabo este estudio se realizará una búsqueda exhaustiva y sistemática de la literatura académica, además de las bases de datos oficiales. Las principales técnicas de investigación utilizadas son aquellas referidas a la revisión y el análisis teórico (Hernández, Fernández-Collado y Baptista, 2014).

3.1. Instrumentos

De entre los principales instrumentos que se han utilizado para la obtención de información y generación de datos son aquellos propios de una revisión de la teoría. En primer lugar, se han utilizado diferentes bases de datos científicas como Web of Science, Scopus y Google Scholar. A partir de estas bases de datos se pueden identificar las aportaciones teóricas más relevantes sobre la violencia en mujeres mayores.

Además, se han utilizado herramientas de software libre como Google para la búsqueda y acceso a las principales páginas oficiales tanto nacionales como autonómicas en el análisis de las políticas sociales, así como en los datos oficiales sobre la realidad.

Para la gestión de la información obtenida, se ha hecho uso del software RefWorks como gestor bibliográfico. Mediante el que se puede seleccionar, organizar y analizar los documentos (artículos, informes, etc.) más importantes en la fundamentación del tema y la creación de resultados del estudio.

3.2. Procedimiento

Para la elaboración del estudio y la obtención de resultados correspondientes a los objetivos estimados, se han dado una serie de fases propias de la metodología cualitativa (Gómez et al., 2014). Estas fases se dividen en:

La primera fase, diseño del objeto de estudio: viene determinada por la definición de objeto de estudio que permite la formulación de objetivos. En este caso, el análisis teórico sobre la violencia en mujeres mayores tanto en estado de la cuestión como en políticas sociales que abordan esta realidad. Identificando como objeto de estudio la puesta en valor de las acciones encaminadas a paliar las situaciones de violencia en mujeres mayores.

La segunda fase, búsqueda de la información: con la que se inicia la selección de información para su análisis posterior. Con esta se contribuye a la obtención de resultados. Para llevar a cabo esta etapa, se han utilizado diversas herramientas o bases de datos (Web of Science, Scopus y Google Scholar). Además, se ha utilizado como gestor bibliográfico RefWorks. Estas fuentes están especializadas en la búsqueda de contenido científico-académico y son adecuadas para filtrar la información según el objeto de estudio.

En la tercera fase, se organiza la información: mediante el software o gestor bibliográfico RefWorks. Esto ha permitido seleccionar, filtrar y estructurar la información recopilada en la segunda fase. De la misma forma, durante el análisis se han creado varios mapas de ideas y diagramas ordenados para identificar la información principal y secundaria.

La cuarta fase, análisis de la información: permite un análisis de la información que arrojará los resultados. Durante este proceso se evalúa si la información seleccionada contribuye al logro de los objetivos del estudio y a la posterior generación de resultados o no.

Con la quinta y última fase, se procede a la creación de resultados. Se seleccionan aquellos que den respuesta a los objetivos de investigación y que sean lo suficientemente relevante como para formar parte del estudio final. En esta fase, se seleccionan los elementos esenciales producidos en el análisis que propongan una visión sobre el fenómeno de violencia en mujeres mayores. Que sirva de base teórica a la comunidad investigadora encargada del estudio de la realidad social.

4. RESULTADOS

Los principales resultados de investigación expuestos en este apartado recalcan la importancia del estudio de la realidad de las mujeres mayores que sufren o han sufrido algún tipo de violencia. El apartado de resultados se divide en cuatro subapartados, a saber: I) Maltrato hacia personas mayores en el que se muestran los hallazgos sobre el análisis de la realidad. II) Violencia en mujeres mayores de acuerdo a su estado de la cuestión. III) Estudios y ejemplos sobre la violencia en mujeres mayores. IV) Políticas sociales contra la violencia en mujeres mayores.

4.1. Maltrato hacia personas mayores: análisis de la realidad

Tal y como se establece en los apartados anteriores, el maltrato hacia las personas mayores es definido como aquel acto esporádico o recurrente, así como la falta de acción adecuada, que ocurre en las relaciones sociales y que puede ocasionar daño o malestar a una persona mayor. Este tipo de violencia se puede considerar como un menoscabo de los Derechos Humanos (Organización Mundial de la Salud, 2022). Además, se considera que existen diversas formas de violencia entre las que se incluyen:

- Violencia Física: como aquella acción o acciones que provocan un daño físico en la persona.
- Violencia Psicológica y Emocional: que consiste en un abuso psíquico que conlleva la desvalorización de la persona, la pérdida de dignidad y respeto a través del control, degradación u omisión de atención por parte de la persona que la infringe.
- Violencia Sexual: Es cualquier comportamiento que provoque la que la persona sea utilizada contra su voluntad para obtener gratificación sexual.
- Violencia Económica: que supone toda acción abusiva de las finanzas y/o patrimonio sin autorización de la persona propietaria. Puede ser una acción o una omisión que afecte a la supervivencia de la otra persona.
- Abandono: identificado cuando la persona responsable del cuidado de alguien deja de proporcionar atención y la asistencia necesaria para su supervivencia y bienestar.
- Negligencia o Descuido: ocurre cuando la persona cuidadora no responde a las necesidades de la persona cuidada ya sean físicas, psicológicas o sociales (Esplugues, 2007; National Institute os Aging, 2020).

Según el Informe Mundial sobre la Violencia y la Salud (Organización Mundial de la Salud, 2002) ya se estimaba que al menos entre el 4% y 6% de las personas mayores sufrían algún tipo de violencia en su propio hogar. En la actualidad se estima que aproximadamente una de cada seis personas mayores de 60 años ha sufrido algún tipo de violencia en entorno comunitario en 2022. Además, se estima que las cifras aumentan cuando se tratan de centros de atención crónica en la que dos de cada tres trabajadores/as cuidadores/as admiten haber infligido algún tipo de maltrato en el mismo año (Organización Munidal de la Salud, 2022).

A nivel nacional, el último Informe del Ministerio de Asuntos Sociales de 2023, indica que el 16,8% de las personas mayores han sufrido maltrato psicológico, sexual o han sido objeto de abandono en residencias o domicilios (Díaz, 2024). El maltrato a las personas mayores puede tener graves consecuencias físicas, mentales, financieras y sociales, como son las lesiones corporales, depresión, deterioro cognitivo, mortalidad prematura, vulnerabilidad financiera y necesidad de ingresar en una residencia de cuidado.

Ante esta situación la propia Organización Mundial de la Salud (OMS), ha comenzado en el diseño de planes de acción mundiales sobre el envejecimiento y la salud 2016-2020 y la Década de las Naciones Unidas del Envejecimiento Saludable (2021-2030), con el fin de prevenir el maltrato de las personas mayores mediante iniciativas que ayudan a detectar, cuantificar y responder al problema. De entre estas iniciativas se puede identificar las siguientes:

- Seleccionar y adoptar pruebas sobre los determinantes, la prevalencia y las posibles intervenciones que podrían suponer la prevención y luchar contra la violencia hacia las personas mayores. Especialmente en los países cuyo producto interior bruto e ingresos son bajos y medianos donde los datos de esta realidad son limitados;
- Divulgar la información sobre el fenómeno de malos tratos a personas mayores de manera internacional y global. Prestando apoyo a las iniciativas nacionales para prevenir el maltrato a las personas de edad.
- Y, colaborar con Organismos y Organizaciones Internacionales con el fin de impedir que el problema vaya en aumento a escala mundial.

Partiendo de este panorama, si se aplica la perspectiva de género al problema de la violencia en personas mayores se podría identificar que las mujeres mayores son consideradas un grupo vulnerable ante la violencia (familiar, social e institucional). Pues se encuentran en una situación de mayor riesgo además de presentar mayores dificultades para establecer medidas que pongan fin a las relaciones de violencia. La vulnerabilidad se incrementa cuando se une a todo ello la edad, junto con otros factores como son la discapacidad, la dependencia o residir en entornos rurales.

4.2. Violencia en mujeres mayores: estados de la cuestión

Unido a la situación de violencia de personas mayores, se encuentra el fenómeno de violencia hacia mujeres mayores de 60 años. Aunque la violencia contra las mujeres mayores es un fenómeno muy extendido, los datos arrojan que es una realidad a menudo oculta. Se reconocen las diferentes formas en las que se da y que es infringida por una amplia variedad de perpetradores como es la pareja o cónyuges, miembros de la familia, personas cuidadoras en el hogar o instituciones, personas conocidas o desconocidas de la comunidad, etc.). Sin embargo, aún se requiere de la creación de datos que arrojen luz sobre esta problemática social en una amplia verdad de contextos sociales, culturales y geográficos (Crockett y Arango, 2016).

En la actualidad según el Instituto Nacional de Estadística (2023) la tasa de mujeres que sufren violencia de género en España, es de 1,7 por cada 1.000 mujeres de 14 y más años. Lo que resulta en un total de 45.708 mujeres que han sufrido algún tipo de violencia de género o violencia doméstica. Aunque estos datos abarcan a mujeres de diferentes edades, es importante considerar que las mujeres mayores se encuentran dentro de las cifras aportadas por el INE. Si se atiende a las diferentes categorías y edad en las que se recogen las cifras se puede conocer le número al que atienden los casos de violencia en mujeres mayores. Por ejemplo, atendiendo a mujeres de entre 60 y 75 o más años que han sido víctimas de violencia y que cuentan con una orden de protección frente a sus agresores se identifican unas 1.075 mujeres en 2023. Sea como sea no existe una categoría estadística que contemple el colectivo de mujeres mayores víctimas de violencia de manera específica lo que dificulta conocer el número exacto de mujeres mayores afectadas.

A nivel autonómico, según los datos incluidos en el Sistema de Seguimiento Integral de Casos de Violencia de Género (VioGén) a 31 de enero de 2024, se pueden analizar algunas cifras como son las comprendidas en la Comunidad Autónoma de Andalucía, en la que los casos de violencia en mujeres de 65 o más años asciende a 10.553 víctimas. Posicionando en primer lugar a la provincia de Málaga con 2.237 de casos, seguida por Sevilla con 2.081 víctimas de violencia y Cádiz con 1.729 casos. Detrás de esta se posicionan Granada (1.412 casos), Almería (929 casos), Jaén (813 casos), Córdoba (799 casos) y Huelva con 555 casos. Esta C.A. es una de las que presenta el mayor número de casos en víctimas de violencia de género en mujeres de 65 y más años.

Imagen 1. *Casos de Violencia de Género en Andalucía*

Sistema de Seguimiento Integral en los casos de Violencia de Género (Sistema VioGén)									
COMUNIDAD AUTÓNOMA / PROVINCIA	NIVEL DE RIESGO (Casos activos)					CASOS			VÍCTIMAS
	No apreciado	Bajo	Medio	Alto	Extremo	ACTIVOS	INACTIVOS	TOTAL	
Almería	21	18	7			46	900	946	929
Cádiz	52	36	6	1		95	1.661	1.756	1.727
Córdoba	20	23	8			51	755	806	799
Granada	32	30	14			76	1.361	1.437	1.412
Huelva	18	5	1			24	536	560	555
Jaén	28	13	5			46	778	824	813
Málaga	55	28	7			90	2.195	2.285	2.237
Sevilla	45	36	11	1		93	2.018	2.111	2.081
Andalucía	271	189	59	2		521	10.204	10.725	10.553

Nota: Sistema de seguimiento en los casos de Violencia de Género VioGén[16]

Otras Comunidades Autónomas como Galicia (3.913 casos), Comunidad de Madrid (6.101 casos), Canarias (3.486 casos) presentan cifras más bajas, aunque siguen siendo altas en comparación con otras Comunidad Autónomas en las que los datos bajos. Este es el caso de por ejemplo Navarra (350 casos), La Rioja (248

---

16 Datos por Comunidades Autonónomas VioGén: https://www.interior.gob.es/opencms/pdf/servicios-al-ciudadano/violencia-contra-la-mujer/estadisticas/2024/VIOGEN-ENERO-2024.pdf

casos), País Vaco (87 casos) o Ceuta con 69 casos (Sistema de Siguiente en los casos de Violencia de Género, 2024).

Unido a estos datos que permiten hacer una radiografía de la situación actual de la violencia en mujeres mayores a nivel nacional y autonómico es importante analizar los niveles de prevalencia de violencia hacia mujeres mayores en entornos comunitarios. En este sentido autores como Yon et al. (2017) han realizado estudios de revisión sistemática que incluyen la compilación de investigaciones de diversos contextos geográficos. Este estudio muestra que la prevalencia combinada de la violencia hacia mujeres mayores fue del 14,1%. En cuanto a las formas de manifestación de la violencia, se encontraron los siguientes tamaños agrupados: violencia psicológica 14,9%, negligencia 4,1%, violencia económica 3,8%, violencia sexual 2,2% y violencia física 1,9%.

Además, en el manteniendo del estudio se destacó que en el caso de entornos institucionales el 64,2% de los profesionales de diversas instituciones habían cometido diversas formas de violencia hacia personas mayores. Concretamente, las personas mayores residentes afirmaron las siguientes cifras de violencia en función del tipo: psicológica 33,4 %, seguido de física 14,1 %, financiera/económica 13,8 %, negligencia 11,6 % y sexual 1,9 %. Este tipo de estudios arrojan una realidad que establece que en función de los contextos de análisis las tasas de prevalencia por formas de violencia son diferentes. Lo que sugiere la importancia de mantener los datos actualizaos sobre los entornos donde se realizan las investigaciones en materia de violencia hacia mujeres mayores (Yon et al., 2018).

En esta línea los diferentes Órganos Internacionales como la Organización de Naciones Unidas (2022) se encargan de identificar los tipos de violencia hacia mujeres tal y como se muestra en la Imagen 2.

Imagen 2. *Tipos de Violencia contra las Mujeres ONU*

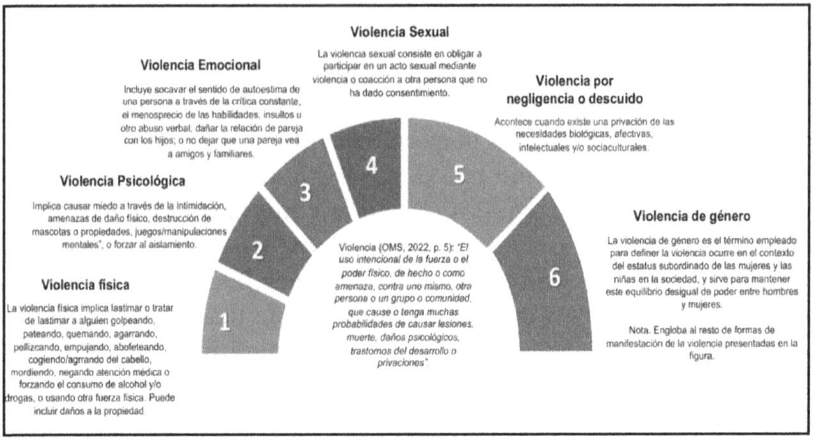

Nota: Organización Mundial de la Salud (2022)

4.3. Políticas sociales y estudios sobre violencia en mujeres mayores

En la misma línea es importante analizar algunas actuaciones dadas tanto desde el ámbito internacional como en el ámbito nacional encaminadas al estudio y como al diseño de políticas sociales que palien y prevengan las situaciones de violencia hacia la mujer a rasgos generales y de manera específica a las mujeres mayores.

En este sentido, el fenómeno de violencia contra las mujeres se mantiene en la agenda política internacional y ha recibido una especial atención a lo largo de los años. Desde la Unión Europea se ha avanzado en la lucha contra la violencia de género con diversas acciones. Sin embargo, aun enfrentan desafíos en la creación de un marco legal común a los países miembros. De entre las principales medidas a destacar se encuentra la Directiva 12/29/UE sobre Víctimas de Delitos, entre los que se encuentra la violencia infringida a mujeres de todas las edades. Y que reconocer garantías a las víctimas de violencia de género como son:

- Reconocimiento y trato respetuoso a las víctimas.

- Acceso a información directa y clara sobre sus derechos y los servicios disponibles a su servicio.
- Apoyo especializado como asesoramiento psicológico, legal y asistencia médica.
- Protección efectiva, evitando el contacto con el agresor durante todo el proceso judicial
- Y, evaluación individual para identificar las necesidades específicas de protección.

Desde este tipo de acciones se proporciona una seguridad y protección de las mujeres víctimas de violencia machista que se han de adoptar por todos los países integrantes de la UE (Parlamento Europeo y Consejo Europeo, 2012). Otra de las acciones es el Convenio de Estambul aprobado por el Consejo Europeo en 2011, para la prevención y la lucha contra la violencia de género. Se identifica como uno de los principales instrumentos en materia de violencia hacia mujeres de acuerdo a su contenido y objetivos. El Convenio parte de la prevención de violencia y la protección de las víctimas, la persecución de los agresores de manera afectiva y promover las políticas integrales que aborden la violencia de género desde su raíz.

En cuanto al desarrollo del estudio del fenómeno de violencia hacia mujeres de todas las edades, la Agencia de los Derechos Fundamentales de la Unión Europea se han realizado diferentes encuestas que revelan que 1 de cada 3 mujeres de la Unión Europea ha sido víctima de violencia. Poniendo el foco de atención en la necesidad de políticas específicas que aborden las particularidades de las mujeres mayores (Eurostat, 2024).

Desde la Organización de Naciones Unidas (2015), se propone la Agenda 2030 y los Objetivos de Desarrollo Sostenible desde los que se establece un horizonte común a toda la comunidad internacional. Desde estos ODS se propone actuar en diferentes ámbitos de la vida, que en la actualidad suponen los principales problemas estructurales de las sociedades. De manera específica los ODS abordan las desigualdades de género y sus efectos (violencia entre otros) de manera específica. El principal a identificar con el fenómeno es el ODS 5. Igualdad de Género: que busca eliminar todas las formas de violencia contra mujeres y niñas. De manera indirecta, pero que mantiene una relización con los factores desencadenantes de las sitauciones de violencia que afectan a las mujeres se encuentran los ODS 16, ODS 3 y ODS 10. Desde el ODS 16. Paz, Justicia e Instituciones Sólidas: se promueve la reducción de la violencia y el acceso a la justicia. Desde el ODS 3. Salud y Bienestar: se trata de asegurar la atención médica y el apoyo psicológico a las víctimas de violencia. Y, el ODS 10. Reducción de las Desigualdades: aborda la discriminación por edad y género, lo cual implica de manera directa actuar sobre las situaciones de violencia contra las mujeres mayores. De todos ellos, se puede destacar que promueven la creación de leyes, normativa y políticas sociales protectoras, el acceso a servicios de apoyo y la sensibilización de la población. Todo con el fin de erradicar la violencia, asegurando entornos más seguros y equitativos para todas las mujeres.

En el ámbito español son diversas las políticas sociales que promueven la protección de las mujeres víctimas de violencia, así como las acciones encaminadas a prevenir las situaciones que violentes a mujeres de todas las edades. Todas estas políticas sociales parten de la Ley Organiza 1/2004, de Medidas de Protección Integral contra la Violencia de Género. Estas medidas pasan desde la protección y seguridad de las mujeres víctimas de violencia de género, por el apoyo psicológico y social dotado de centros de emergencia y recursos habitaciones, hasta el asesoramiento jurídico y las ayudas económicas que fomenten la autonomía vital. El empleo y la formación son algunas de las otras medidas que se contemplan en Ley, junto con las líneas de atención a las situaciones de violencia compuestas por el teléfono 061 o la aplicación ALERTCOPS que permite notificar situaciones de emergencia a las fuerzas d seguridad del Estado.

Además, existen protocolos específicos como son los propuestos por el Instituto Andaluz de la Mujer (2021), que desarrolló un Plan de Atención Específico de violencia de género contra las mujeres mayores[17] para mejorar la respuesta institucional en la prevención, detección y atención a los casos de violencia de género en mujeres mayores de 65 años. Adaptando medidas e indicadores recogidas en la legislación vigente.

En la misma línea se identifican estudio por parte de la Delegación del Gobierno (2019) que promueven la erradicación de la violencia de género como es el estudio "Mujeres mayores de 65 años víctimas de violencia de género". Cuyos objetivos pasaban por analizar la situación de mujeres mayores víctimas de violencia, evaluar los factores que determinan su especial vulnerabilidad y aportar información para diseñar medidas que faciliten la detección de casos y del acceso a recursos especializados.

Otro ejemplo de acción más localizada es el Proyecto desarrollado por el Grupo de Investigación GEDEX (Género, Dependencia y Exclusión Social) de la Universidad de Jaén, con el que se proponía la detección y análisis de situaciones de violencia en las mujeres mayores de la localidad de Úbeda y sus pedanías. Con el que se consiguió realizar una imagen del perfil y factores desencadenantes de las situaciones de violencia hacia mujeres mayores en ese espacio geográfico. Este estudio es un ejemplo de la necesidad de conocer la realidad del fenómeno para el futuro diseño de acciones que se encuentren encaminadas a la prevención de violencia en mujeres de todas las edades y en específico de mujeres mayores.

5. CONCLUSIONES

De acuerdo a los resultados del estudio se pueden extraer una serie de conclusiones que se encuentra ligadas a la revisión teórica realizada que ha permitido obtener una visión integral sobre la

---

17 Plan de Atención Específico de Violencia de Género contra las Mujeres Mayores https://www.juntadeandalucia.es/iam/catalogo/doc/iam/2022/143644820.pdf

problemática del maltrato hacia las personas mayores con un enfoque particular en la vio9lencia hacia mujeres mayores. De todo ello se pueden destacar una serie de conclusiones:

Que el maltrato hacia las personas mayores es una realidad compleja y multifactorial que involucra diferentes factores individuales y sociales. En los que se contempla distintos tipos de violencia, incluyendo la física, psicológica, económica y negligencia, que impactan gravemente en la calidad de vida de las víctimas. Además, los estereotipos y prejuicios asociados al envejecimiento y edadismo contribuyen a la invisibilizarían de este fenómeno.

Que las mujeres mayores enfrentan una doble vulnerabilidad derivada de la discriminación por género y edad. Pues la violencia hacia mujeres mayores presenta características particulares que suelen estar infradiagnosticada y desatendida. De acuerdo a los factores como la dependencia económica, el aislamiento social y la falta de acceso a recursos agravan la situación.

Que las políticas sociales y las respuestas institucionales a nivel internacional y en España, se han implementado diversas políticas y programas para abordar la violencia contra las mujeres mayores. Instrumentos como el Convenio de Estambul y los Objetivos de Desarrollo Sostenible (ODS) impulsan la creación de marcos normativos y estrategias integrales. Sin embargo, persisten desafíos en la aplicación efectiva de estas medidas, destacándose la necesidad de mejorar la detección temprana, fortalecer los servicios de apoyo especializado y garantizar la coordinación interinstitucional.

En definitiva, para afrontar de manera integral la violencia hacia las mujeres mayores, es fundamental continuar con el desarrollo de investigaciones que visibilicen esta realidad. Así como fortalecer las políticas sociales y los Planes de prevención y atención a víctimas. Solo a través de un enfoque multidisciplinar e interseccional será posible garantizar el respeto y la protección de los derechos de las personas mayores, especialmente de las mujeres en situación de vulnerabilidad.

6. REFERENCIAS

Consejo Europeo. (2011). *Convenio del consejo de Europa sobre prevención y lucha contra la violencia contra la mujer y la violencia doméstica.* COE. Recuperado el 20 de marzo de 2025 de https://rm.coe.int/1680464e73

Crockett, C., y Arango, D. (2016). World Bank. Violence against older women is widespread but untallied. Recuperado el 8 de febrero de 2025 de https://blogs.worldbank.org/en/voices/violence-against-older-women-widespread-untallied

Delegación de Gobierno. (2019). *Mujeres mayores de 65 años víctimas de violencia de género.* Ministerio de la Presidencia, Relaciones con las Cortes e Igualdad. https://violenciagenero.igualdad.gob.es/wp-content/uploads/Estudio_VG_Mayores_65.pdf

Díaz, N. (2024). *Las personas mayores que han sufrido malos tratos en 2023.* Hablando en Plata. Recuperado el 5 de enero de 2025 de https://www.hablandoenplata.es/salud/168-mayores-han-sufrido-maltrato-este-2023_2024020765c3aabc344c980001ade53d.html

Esplugues, J. S. (2007). ¿Qué es violencia? Una aproximación al concepto ya la clasificación de la violencia. *Daimon Revista Internacional de Filosofía,* (42), 9-21.

Eurostat. (2024). *Una de cada tres mujeres de la UE ha sido víctima de violencia.* European Union Agency for fundamental Rights. Recuperado el 20 de marzo de 2025 de https://fra.europa.eu/sites/default/files/fra_uploads/pr-2024-eu-gender-based-violence-survey_es.pdf

Gómez, E., Fernando, D., Aponte, G. y Betancourt, L. A. (2014). Metodología para la revisión bibliográfica y la gestión de información de temas científicos, a través de su estructuración y sistematización. *Dyna, 81* (184), 158-163. ISSN 0012-7353

Hernández-Sampieri, R. y Mendoza, C.P. (2020). *Metodología de la investigación: Las rutas cuantitativa, cualitativa y mixta.* Mcgraw-Hill.

Hernández, R., Fernández-Collado, C. y Baptista, P. (2014). *Metodología de la Investigación.* McGraw-Hill Interamericana de España S.L. ISBN-101456223968

Instituto Andaluz de la Mujer. (2021). *Plan de Atención Específico de violencia de género contra mujeres mayores.* Junta de Andalucía. Recuperado el 21 de marzo de 2025 de https://www.juntadeandalucia.es/iam/catalogo/doc/iam/2022/143644820.pdf

Instituto Nacional de Estadística. (2023). *Estadística de violencia doméstica y Violencia de Género.* INE. Recuperado el 6 de enero de 2025 de https://www.ine.es/dyngs/Prensa/EVDVG2023.htm

Ley Orgánica 1/2004, de 28 de diciembre, de Medidas de Protección Integral contra la Violencia de Género. *Boletín Oficial del Estado (BOE),* núm. 313, de 29 de diciembre de 2004. https://www.boe.es/buscar/doc.php?id=BOE-A-2004-21760

Meyer, S. R., Lasater, M. E., y Garcia-Moreno, C. (2020). Violence against older women: A systematic review of qualitative literature. *Plos one, 15*(9), 1-43. https://doi.org/10.1371/journal.pone.0239560

National Institute on Aging (2020). *Elder Abuse.* NIH. Recuperado el 2 de enero de 2025 de https://www.nia.nih.gov/health/elder-abuse/elder-abuse

Organización de Naciones Unidas Mujeres. (2023). *TheShandow Pandemic: Violence against women during COVID-19.* UNWOMEN. Recuperado el 1 de enero de 2025 de https://www.unwomen.org/en/news/in-focus/in-f ocus- gender-equality-in-covid-19-response/violence-against-women-during-covid-19

Organización Mundial de la Salud. (2002). *Informe Mundial Sobre la Violencia y la Salud.* Organización Panamericana de la Salud para la OMS Washington D.C. Recuperado el 1 de enero de 2025 de https://iris.who.int/bitstream/handle/10665/43431/9275324220_spa.pdf

Organización de Naciones Unidas. (2015). *Objetivos de Desarrollo Sostenible y Agenda 2030.* ONU. Recuperado e 3 de marzo de 2025 de https://www.un.org/sustainabledevelopment/es/2015/09/la-asamblea-general-adopta-la-agenda-2030-para-el-desarrollo-sostenible/

Organización Mundial de la Salud. (2022). *Maltrato de las personas mayores.* OMS. Recuperado el 1 de enero de 2025 de https://www.who.int/es/news-room/fact-sheets/detail/abuse-of-older-people

Parlamento Europeo y Consejo Europeo. (2012). Directiva 2012/29/UE del Parlamento Europeo y del Consejo de 25 de octubre de 2021 por la que se establecen normas mínimas sobre los derechos, el apoyo y la protección de las víctimas de delitos, y por la que se sustituye la Decisión de marco marco 2001/220/JAI del Consejo. *Diario Oficial de la Unión Europea,* 315/17. https://www.boe.es/doue/2012/315/L00057-00073.pdf

Sánchez, O. R., Vale, D. B., Rodrigues, L., y Surita, F. G. (2020). Violence against women during the COVID-19 pandemic: An integrative review. *International Journal of Gynecology and Obstetrics, 151*(2), 180-187.

Sistema de Seguimiento Integral de Casos de Violencia de Género (VioGén). (2024). *Informe Estadístico ViGén- Datos al 31 de enero de 2024.* Recuperado 8 de febero de 2025 de https://www.interior.gob.es/opencms/pdf/servicios-al-ciudadano/violencia-contra-la-mujer/estadisticas/2024/VIOGEN-ENERO-2024.pdf

Soeiro, C., Ribeiro, R., Almeida, I., Saavedra, R., Caridade, S., Oliveira, A., y Santos, M. (2023). Violence against women during the COVID-19 pandemic: from children to the elderly. *Social Sciences, 12*(2), 91.

Yon, Y., Mikton, C., Gassoumis, Z. D., y Wilber, K. H. (2017). The Prevalence of Self- Reported Elder Abuse Among Older Women in Community Settings: A Systematic Review and Meta-Analysis. *Trauma, Violence, & Abuse,* 152483801769730. http://doi.org/10.1177/1524838017697308

Yon, Y., Ramiro-Gonzalez, M., Mikton, C. R., Huber, M., y Sethi, D. (2018). The prevalence of elder abuse in institutional settings: a systematic review and meta-analysis. *European Journal of Public Health, 29*(1), 58-67. http://doi.org/10.1093/eurpub/cky093

Capítulo 9

Los servicios sociales para mujeres mayores de 65 años víctimas de violencia de género. Dificultades y necesidades

YOLANDA GARCÍA VÁZQUEZ
Universidade de Vigo

1. INTRODUCCIÓN

La violencia de género es un grave problema social en todo el mundo. Este fenómeno tiene sus raíces en la desigualdad histórica de las mujeres en relación con los varones por el simple hecho de ser mujeres. Está asentado sobre el sistema sexo/género, una construcción social alimentada por un sistema patriarcal que diferencia los géneros por roles y divide a las personas en aquellas que detentan el poder y aquellas otras que son sometidas al mismo. Las desigualdades de género hacen que las mujeres sean más vulnerables que los hombres, entre otros, a la pobreza, al abuso y a la violencia (Choi et al., 2017). Si además las mujeres tienen alguna discapacidad tienen tres veces mayor riesgo de sufrir violencia de cualquier tipo y a largo plazo tienen mayores problemas de salud mental y comportamientos autodestructivos (Muster, 2021). El envejecimiento también añade riesgo a la vida de las mujeres. Aquellas con más de 65 años sufren un estigma interseccional que remite a la combinación entre prejuicios hacia la edad, el género y la sexualidad y las coloca en situación de inferioridad porque este estigma, en tanto que atributo desacreditador, les genera vergüenza e insatisfacción (Crockett et al., 2018). Son mujeres que sufren edadismo, es decir, discriminación por su edad, siendo consideradas frágiles, dependientes y débiles (Bridget, 2017). En definitiva, ser mujer, de hecho, es en sí mismo, un factor de riesgo para sufrir violencia porque la violencia contra las mujeres es un fenómeno estructural fundado en la desigualdad.

En España se producen importantes diferencias en la violencia de género en relación con la edad: las mujeres de 65 y más años recurren a los servicios formales de apoyo en menor medida que las mujeres con menos edad y hablan con las personas de su entorno sobre la violencia sufrida en menor medida que otras mujeres. Además, no solo piden menos ayuda, sino que desconocen más que las jóvenes donde pueden hacerlo, tienen mayor dificultad para reconocer la violencia, o sienten en mayor medida que no hay salida a su situación (Ministerio de Igualdad, 2020).

La violencia de género que sufren las mujeres mayores se califica como invisible porque está oculta (Bridget, 2017; Shirin, 2016) y no existen servicios de atención social específicos para ellas, a pesar de haber sido víctimas durante su vida, probablemente toda su vida (Meneses et al., 2018). En España, el 40% de las mujeres maltratadas de esa edad han sufrido violencia por parte de su pareja o expareja durante más de 40 años y el 27%, de 20 a 30 años (Ministerio de la Presidencia, Relaciones con las Cortes e Igualdad, 2019). Las mujeres mayores viven sin haber recibido atención o sin haber tomado conciencia de la violencia sufrida por parte de sus parejas actuales o de sus exparejas (Carmona-Torres et al., 2018; World Health Organization [WHO], 2013). Se sabe poco sobre la violencia contra estas mujeres mayores, así como sobre las estrategias de prevención e intervención basadas en investigaciones previas (Bows, 2018; Bows y Westmarland, 2017; Brownell, 2015). El desarrollo de intervenciones de prevención efectivas y culturalmente apropiadas para las mujeres mayores que sufren violencia de género requiere una comprensión más matizada de la dinámica de los valores sociales y culturales (Álvarez, 2021; Bourey et al., 2015).

Con estos antecedentes, en este capítulo se muestran los resultados de una investigación sobre la atención que los servicios sociales prestan a las mujeres mayores de 65 años víctimas de violencia de género; cuyos objetivos fueron los siguientes: a) la caracterización psicosocial de las mujeres atendidas; b) la identificación de las necesidades y dificultades de dichas mujeres a nivel social; c) la caracterización de programas sociales específicos para ellas; d) la tipificación de la formación específica recibida por parte de los profesionales; e) y la definición del tipo de formación necesaria para prestar ayuda y apoyo a estas mujeres.

2. DISEÑO Y MÉTODO

Para dar cumplimiento a los objetivos fijados se procedió a contactar con las profesionales de servicios sociales que prestan atención directa al grupo poblacional de referencia.

2.1. Participantes

La muestra, seleccionada mediante un procedimiento no probabilístico por conveniencia, estuvo compuesta por un total de 90 profesionales en los servicios sociales españoles con un promedio de 18,9 años de antigüedad en su puesto de trabajo, de entre 23 y 69 años (M = 46,06; DT = 9,96), siendo trabajadores/as sociales un 90,00% (n = 81), de los cuales un 93,82% (n = 76) fueron mujeres en correspondencia con la feminización generalizada existente entre las/os profesionales de los servicios sociales españoles.

Además, hay que destacar que un 96,66% (n = 87) de las/os profesionales encuestados desarrollaban su actividad laboral en los servicios sociales públicos. La mayoría pertenecían a los servicios sociales básicos (68,96%, n = 60), los cuales atendieron individualmente durante el último año un promedio de 4,41 casos de mujeres mayores de 65 años víctimas de violencia de género.

Los profesionales desempeñaban su ocupación laboral en 90 municipios de 9 comunidades autónomas diferentes, con mayor presencia en Galicia (32,22%, n = 29), Andalucía (20,00%, n = 18), Extremadura (17,77%, n = 16) y Castilla y León (17,77, n =

16), en menor medida en Madrid, Comunidad Valenciana, Asturias y Castilla La Mancha.

En cuanto a la procedencia rural-urbana de la muestra, destacar que hubo una proporción equilibrada: municipios rurales con menos de 10000 habitantes (31,11%, n = 28), municipios urbanos de entre 10000 y 50000 habitantes (21,11%, n = 19), municipios urbanos de entre 50000 y 100000 habitantes (15,55%, n = 14) y municipios urbanos de más de 100000 habitantes (32,22%, n = 29).

2.2. Instrumento

Fue diseñado un cuestionario ad hoc con datos sociodemográficos –entre ellos, número de años trabajados en los servicios sociales, titulación, sexo y edad– e ítems relacionados con las características psicosociales, dificultades y necesidades de las mujeres mayores de 65 años víctimas de violencia de género que habían atendido en el último año (2021), así como sobre los programas sociales específicos para ellas que conocían, además de su valoración acerca de la formación recibida y/o deseada para la atención social a estas mujeres mayores víctimas de violencia de género. Se diseñó un cuestionario de fácil comprensión, directo y conciso, que permite conocer información clave sobre la atención de las/los profesionales de los servicios sociales a estas mujeres. Dicho cuestionario fue inicialmente revisado y evaluado en cuanto a la claridad de las preguntas y en su comprensión por los cuatro miembros del equipo de investigación. No se realizó un testeo piloto con una muestra para evitar predicciones o hipótesis inexactas que condicionasen los resultados.

Se calculó la fiabilidad del cuestionario a través del coeficiente Omega de McDonald, que trabaja con cargas factoriales y no depende de las alternativas de respuesta ni del número de preguntas, alcanzando una muy alta fiabilidad (Ordinal Omega total: 0,94; Ordinal Omega herarch.: 0,92, sobre un máximo de valor 1) (Ordinal Cronbach's Alpha: 0,94 sobre máximo de 1). Los intervalos de confianza fueron Ordinal Omega (total): [0.92, 0.96] y Ordinal Cronbach's alpha: [0.92, 0.96].

El cuestionario estuvo conformado por seis módulos temáticos y 37 preguntas, cuatro de ellas en forma de preguntas abiertas. Las 33 preguntas cerradas ofrecían opciones de respuesta amplias incluyendo siempre la opción de "otras" con posibilidad de respuesta abierta; en 16 preguntas se utilizó una escala Likert de 1 a 5 para medir el grado de acuerdo o desacuerdo con la caracterización que sobre este grupo de mujeres ofrece la literatura especializada y/o institucional (Ministerio de Igualdad, 2020; Ministerio de la Presidencia, Relaciones con las Cortes e Igualdad, 2019; WHO, 2013), siendo el número 1 "totalmente en desacuerdo" y el 5 "totalmente de acuerdo". Respecto a las valoraciones otorgadas hay que señalar que procedimos a contabilizar conjuntamente los valores 4 y 5, que son los de más alto grado de acuerdo (4= muy de acuerdo y 5= totalmente de acuerdo).

2.3. Trabajo de campo y análisis de datos

En relación con el proceso de recogida de datos, se contactó con las/os profesionales de los servicios sociales a través del Consejo General de Trabajo Social, entidad que representa a todos los Colegios oficiales de Trabajo Social de España, correspondiendo a dicho organismo el envío de la información y contacto mediante correo electrónico. Complementariamente, además, se contactó telefónicamente a partir de un muestreo probabilístico por conveniencia con los servicios sociales municipales y centros de información a la mujer (CIM) en Galicia para realizar la encuesta presencialmente. El período de recogida de datos se desarrolló entre los meses de noviembre de 2021 y abril de 2022. En total la muestra resultó n = 90, de los cuales 70 fueron a través de formulario online y 20 presencialmente siguiendo el método de "modos mixtos" aplicado a encuestas a profesionales que no tienen por objetivo obtener datos sobre actitudes, opiniones o hábitos personales (De Leeuw, 2005).

A las/os participantes se les informó de que el objeto de la investigación era la atención prestada desde los servicios sociales a las mujeres mayores de 65 años víctimas de violencia de género, para lo cual se requería de los profesionales que respondiesen a un cuestionario de 37 preguntas cerradas y abiertas de forma anónima. En todo momento se contó con el consentimiento informado previo a la recogida de datos. Asimismo, se hace constar que la investigación, su método, objetivos y desarrollo fueron aprobado por el Comité de Bioética de la Universidad de Santiago de Compostela.

Se llevó a cabo un análisis de los datos obtenidos cuantitativo y cualitativo. El pequeño tamaño de la muestra (n = 90) no permitió análisis multivariado, factorial o de correlaciones. Por una parte, se realizó un análisis estadístico descriptivo a partir de una codificación numérica y la elaboración de tablas cruzadas, cálculo de promedios, desviación estándar y límites superior e inferior en los rangos de datos ordenados. Todo ello se complementó con el análisis cualitativo de las respuestas de las/os participantes a las preguntas abiertas, para lo cual procedimos a la codificación jerarquizada de ideas y conceptos fundamentales y emergentes con el apoyo del programa MAXQDA: 4 preguntas temáticas con su contenido agrupados en 15 códigos que a su vez ordenan y clasifican los 80 subcódigos de detalle. La codificación se llevó a cabo a partir de la metodología de investigación cualitativa y el método inductivo.

3. RESULTADOS

Las/os participantes en la encuesta han valorado en escala Likert su grado de acuerdo o desacuerdo con afirmaciones seleccionadas relativas al perfil psicosocial de las mujeres mayores de 65 años víctimas de violencia de género (respondieron 70 de n = 90). Valoraron determinadas características psicosociales y de percepción de la situación en que se encuentran las mujeres mayores de 65 años que atendieron durante el último año en sus puestos de trabajo, tratando de establecer comparaciones con las más jóvenes, y siempre teniendo en cuenta que en ambos casos debían ser víctimas de violencia de género.

Las respuestas ofrecidas sobre el tipo de violencia principal que soportan las mujeres mayores de 65 años por parte de su pareja evidencian que, a juicio de las/os profesionales entrevistados, la tipología de la violencia es mayoritariamente de tipo psicológica (62,2%, n = 90) o económica (33,3%, n = 90). Constatamos que, en general, existe un alto grado de acuerdo en el hecho de que la edad marca la autopercepción de lo que las mujeres mayores de 65 años consideran que es la "violencia de género", de cómo se comportan ante el maltrato y de cómo deben afrontarlo.

Hay que destacar que existe un muy alto grado de acuerdo con la afirmación de en qué estas mujeres rompen con sus parejas (85,7%, n = 60) en menor medida que las mujeres jóvenes, siendo, además, el grado de acuerdo total para más de la mitad de todos los encuestados (54,3%, n = 38).

Las/os profesionales que respondieron a la encuesta consideran con un alto nivel de acuerdo que las mujeres mayores víctimas de violencia de género tienen una actitud de resignación ante una situación que aceptan sin pedir ayuda (75,4%, n = 54). Sin embargo, en este caso, los valores 4 muy de acuerdo y 5 totalmente de acuerdo son equilibrados (37,7% (n = 26) para valor 4 y el 37,7% (n = 26) para valor 5); a lo que se añade un 20,3% (n = 14) que afirmaron estar simplemente de acuerdo con esta afirmación. El desacuerdo solo representa el 3,3% (n = 3) de las respuestas. Las/os trabajadoras/res sociales perciben mayoritariamente que las mujeres mayores buscan ayuda en menor medida que las mujeres jóvenes (75,7%, n = 53). Pero además creen que a dichas mujeres les cuesta reconocer la violencia que sufren por parte de su pareja o expareja en mayor medida que a las jóvenes (80,0%, n = 56); con el matiz de que el valor 4 muy de acuerdo en este caso es mayoritario (41,4%, n = 29) frente al valor 5 totalmente de acuerdo (38,6%, n = 26).

También es muy significativo el alto grado de acuerdo entre las/os profesionales sobre el rol social y familiar que tienen las mujeres mayores que sufren maltrato machista vinculándolo con el valor social otorgado a las mujeres como cuidadoras de la familia, lo que implica que se ignoren sus propias necesidades, inquietudes y proyectos (80%, n = 56), así como con la afirmación de que estas son mujeres dependientes económicamente (89,9%, n = 63), que difícilmente pudieron desarrollar una actividad laboral fuera del hogar, y de que aguantan su situación por la educación y los valores culturales recibidos a lo largo de la vida (85,5%, n = 59). El estado de resignación ante la violencia sufrida queda reflejado en el muy alto grado de acuerdo que muestran las profesionales de los servicios sociales respecto a que dichas mujeres mayores han normalizado su situación respecto a su pareja o a las experiencias violentas sufridas a lo largo de su vida. El 38,6% (n = 27) de las encuestadas están muy de acuerdo y el 41,4% (n = 29) está totalmente de acuerdo con que las mujeres mayores sienten que sus situaciones no tienen salida y son irreversibles. Además, las profesionales entrevistadas consideran que las mujeres mayores víctimas de violencia de género denuncian el maltrato en menor medida que las mujeres jóvenes (84,3%, n = 59), lo que además se corresponde con el grado de acuerdo mayoritario respecto a que dichas mujeres también acuden, en menor medida que las mujeres jóvenes a los servicios sociales (81,4%, n = 57).

Respecto a los factores que determinan la actitud resignada y de normalización de la situación también es significativo el muy alto grado de acuerdo entre las profesionales de los servicios sociales respecto a que las mujeres mayores víctimas de violencia de género no denuncian su situación y la "soportan" sin pedir ayuda por las/os hijas/os y/o nietos/as: ellas asumen, además del rol de cuidadoras, el de nexo de la familia y "no la quieren romper". Al respecto, están "de acuerdo" (24,3%, n = 17), "muy de acuerdo" (35,7%, n = 25) y "totalmente de acuerdo" (34,3%, n = 24) de las/os entrevistadas/os.

Una parte de las preguntas de la encuesta se refería al rol de las/os trabajadoras/es sociales en relación con la atención realizada desde los servicios sociales a las mujeres mayores de 65 años víctimas de violencia de género. Los resultados obtenidos constatan que existe desinformación entre las/os profesionales sobre la violencia de género específica con mujeres mayores de 65 años. Las respuestas dadas evidencian que el 100% (n = 90) desconoce la existencia de algún programa social dirigido a este colectivo, el 98,8% (n = 90) no ha recibido formación al respecto y el 100% (n = 90) no conocen ningún estudio sobre este colectivo.

Desde el punto de vista del análisis cualitativo, tal como se ha indicado, se codificaron y clasificaron las principales ideas y conceptos fundamentales y emergentes a partir de las respuestas dadas por las/os profesionales de los servicios sociales a las seis preguntas abiertas formuladas en el cuestionario. Estos datos se han agrupado y resumido en este artículo en cuatro grandes categorías, las dos primeras alusivas a las mujeres mayores de 65 años víctimas de violencia de género, y las dos siguientes en relación con las/os propios profesionales de los servicios sociales: 1) las dificultades que tienen las mujeres mayores de 65 años víctimas de violencia de género para acceder a los servicios sociales; 2) las necesidades que plantean estas mujeres a los servicios sociales cuando acuden a ellos; 3) la identificación de programas sociales específicos por parte de las/os profesionales de los servicios sociales para la atención a mujeres mayores de 65 años víctimas de violencia de género; y 4) la formación específica de dichos profesionales sobre violencia de género en mujeres mayores.

Respecto a las dificultades que tienen las mujeres mayores de 65 años víctimas de violencia de género para pedir ayuda, se han identificado y distinguido cinco grandes tipos que a su vez se encuentran interrelacionadas: dificultades económicas, dificultades institucionales, dificultades procedentes de las situaciones mentales/emocionales, dificultades de carácter cultural, y aislamiento social (Figura 1).

Los informantes destacan como principales dificultades de las mujeres mayores de 65 años víctimas de violencia de género que imposibilitan que soliciten ayuda: la dependencia económica del agresor y, por lo tanto, la falta de ingresos propios, que de alguna forma alimenta sentimientos de miedo (también respecto del futuro) y resignación, lo que a su vez pone de manifiesto los problemas emocionales y mentales que sufren estas personas. Estos últimos se vinculan, así mismo, a la dificultad propia de estas mujeres para percibirse a sí mismas como víctimas de violencia de género, al asumir su situación como algo natural, en un contexto cultural de tradiciones y valores -según la educación recibida- donde se ha normalizado el tipo de relación que mantienen con sus parejas. Todo ello las aísla socialmente: presuponen o sienten que les falta apoyo familiar y social y perciben distancia, frialdad, y desatención entre los operadores judiciales, policiales e incluso en los servicios sociales.

En cuanto a las necesidades identificadas en estas mujeres mayores víctimas de maltrato que pueden ser atendidas por los servicios sociales se evidencian de distinto tipo de orden y se han clasificado en tres grandes grupos: necesidades económicas, necesidades de carácter institucional, y necesidades psicosociales.

Respecto de las necesidades económicas los servicios sociales se visualizan como el sistema que puede apoyar mejor a la mujer mayor de 65 años víctima de violencia de género en su alternativa a la dependencia económica y, por lo tanto, puede acompañarla en su autonomía económica con prestaciones específicas u ofreciendo otro tipo de recursos como alojamiento alternativo o ayuda en la búsqueda de vivienda.

Figura 1. *Las dificultades de las mujeres mayores de 65 años víctimas de violencia de género para pedir ayuda (n = 90)*

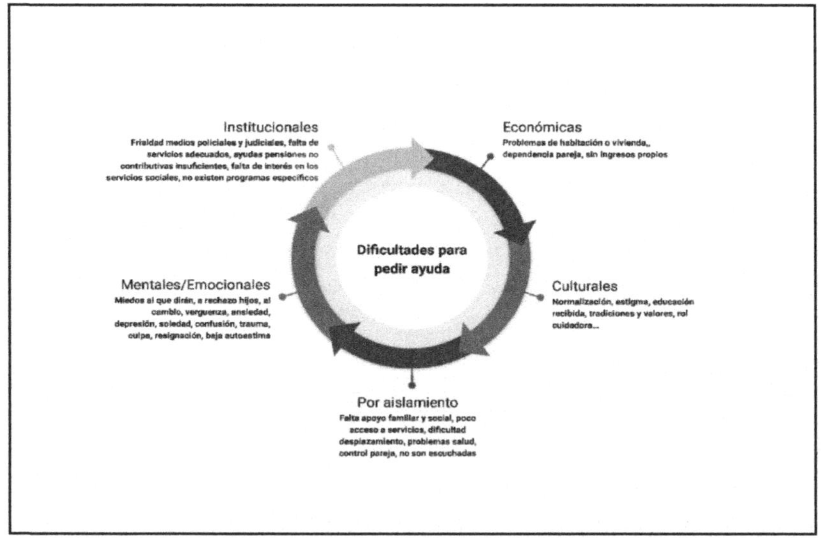

En relación con las necesidades de carácter institucional se ha recogido la consideración de que los servicios sociales deben facilitar la atención, las relaciones y mediación social y con la familia, el apoyo a la gestión de trámites administrativos y judiciales o facilitar la formación y educación, así como promover la emancipación de estas mujeres víctimas de violencia de género.

Por último han aparecido identificadas como necesidades de carácter psicosocial aquellas relativas a la escucha activa, el acompañamiento, el apoyo psicológico y emocional, al apoyo en la vinculación con las relaciones familiares y las redes sociales, en la mejora de la autoestima y del empoderamiento; en definitiva, el sistema de servicios sociales aparece aquí como un espacio estratégico para proceder con una intervención bio-psicosocial cuya finalidad última debe ser la mejora de la salud física, mental y social de las víctimas de violencia de género mayores de 65 años (Figura 2).

Figura 2. *Las necesidades de las mujeres mayores de 65 años víctimas de violencia de género que pueden ser atendidas por los servicios sociales (n = 90)*

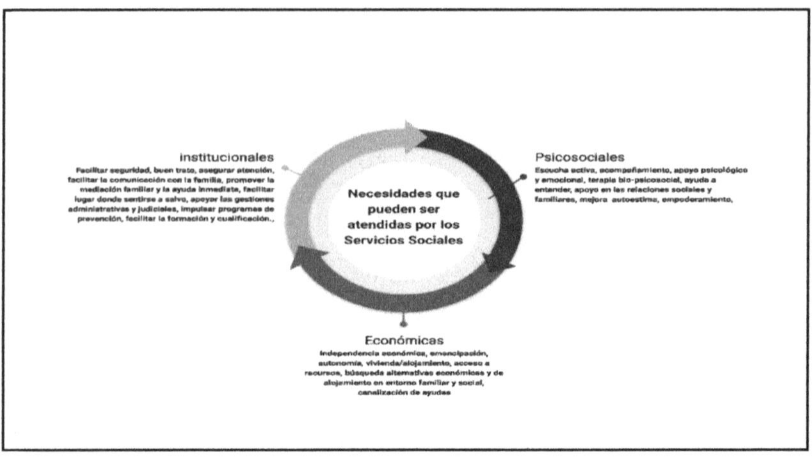

Partimos del hecho constatado en todas las estadísticas estatales del mínimo número de denuncias por parte de las mujeres mayores de 65 años de sus situaciones de violencia de género. Ya hemos esbozado algunas de las dificultades que tienen estas mujeres para denunciar y para acudir a los servicios sociales. Si analizamos, ahora, qué se hace desde dentro del sistema para identificar la violencia de género de las mujeres mayores de su comunidad, nos encontramos con importantes deficiencias expresadas por las/os profesionales que han contestado al cuestionario y que se concentran en principalmente tres: un déficit de formación específica respecto a la violencia de género en el colectivo concreto de mujeres mayores de 65 años; el desconocimiento de estudios e investigaciones sobre esta cuestión; el desconocimiento o ausencia de programas de intervención concretos para ellas.

El análisis no solo identifica la denuncia respecto del desconocimiento o de la desatención sino que las/os profesionales, de forma proactiva, aportan ideas sobre cómo mejorar la identificación de casos de violencia de género de mujeres mayores víctimas de violencia de género (Figura 3): se alude a la necesidad de desarrollar campañas de sensibilización social a nivel local; a la creación de equipos especializados en la atención a mujeres mayores, a la necesidad de diseñar indicadores de riesgo que puedan ser observados, por ejemplo, en visitas domiciliarias u en otro tipo de programas comunitarios, y por último, se incide en la necesidad de promover la coordinación de los servicios sociales municipales (de base, de atención primaria, comunitarios, etc.) con los servicios de salud que es donde consideran, los informantes, que es más fácil detectar el maltrato psicológico y físico al que puedan estar sometidas las mujeres mayores.

Figura 3. *Cómo mejorar la identificación de casos de mujeres mayores de 65 años víctimas de violencia de género desde los servicios sociales (n = 90)*

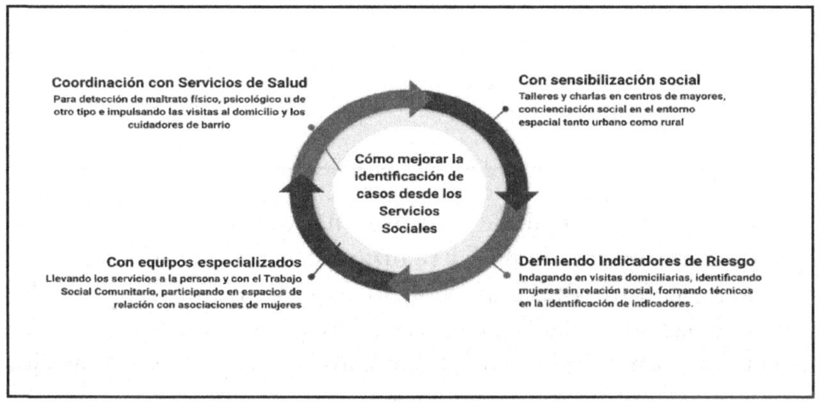

Finalmente, las/os profesionales informantes han señalado cómo, en su opinión, se puede mejorar la intervención con las mujeres mayores de 65 años víctimas de violencia de género desde los servicios sociales. Estas respuestas se han clasificado en tres grupos (Figura 4). El primero de ellos alude a cuestiones de planificación: a la necesidad de que los servicios sociales cuenten con el diseño e implementación de programas de intervención especializados, estables y duraderos, coordinados con aquellos otros profesionales que puedan estar en contacto directo con estas mujeres, en el ámbito domiciliario o comunitario, por ejemplo, trabajadoras del sistema de ayuda a domicilio o cuidadores de barrio, etc.

Figura 4. *Cómo mejorar la intervención con mujeres mayores de 65 años víctimas de violencia de género desde los servicios sociales (n = 90)*

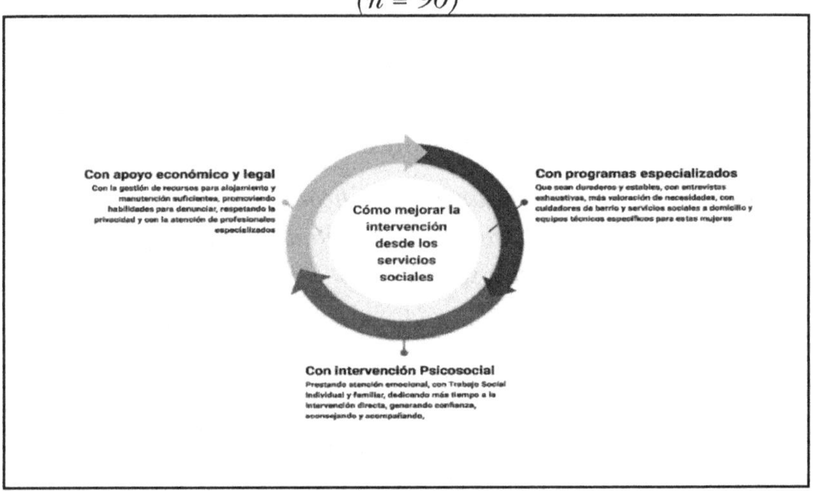

El segundo grupo alude a asuntos más metodológicos: en concreto, a la necesidad de poder realizar una buena gestión integral de caso, con entrevistas más exhaustivas, con una más amplia valoración de las necesidades de estas mujeres, y con una intervención directa de carácter psicosocial, facilitando a las mujeres consejo, acompañamiento y apoyo emocional.

Por último, se alude a temas relativos a la dotación de los servicios sociales que deben ser reforzados con recursos (en sentido amplio) o apoyos que posibiliten dar respuesta a las mujeres mayores víctimas de violencia de género: apoyo económico y legal en vivienda, alojamiento alternativo, trámites administrativos o de denuncia, etc.

4. DISCUSIÓN

El análisis de datos a partir del promedio de los grados de aceptación en la escala Likert (76,6%, n = 69), pone en evidencia qué percepciones de los/as profesionales informantes están por encima del promedio y cuáles por debajo. Existe mayor acuerdo por encima del promedio respecto al hecho de que a las mujeres mayores de 65 años les cuesta reconocer la violencia de género que sufren, razón por lo cual rompen menos su relación con sus parejas (entre otras razones); se resignan con la situación que viven; aguantan más su rol de cuidadoras, por los valores y educación recibida, o por miedo; y acuden menos a los servicios sociales.

La mayor parte de estos resultados son coincidentes con los ya obtenidos por Lorente y Castro (2009) hace más de una década: las mujeres mayores víctimas de violencia, en general, tienen dificultad para identificar que sufren el abuso por parte de sus parejas, sufren estigmatización o barreras físicas, aislamiento, dependencia económica y acceso limitado a los recursos, lo que repercute en el deterioro de su salud. Sin embargo, también se da el caso de que sí identifican el abuso, pero lo naturalizan como un mal con el que tienen que vivir.

Las alusiones a la educación recibida, así como los valores sociales interiorizados por parte de estas mujeres se comprenden mejor a la luz de las explicaciones ofrecidas por Autores (2020) sobre la familia tradicional. Las mujeres de 65 años o más han nacido como muy tarde en el año 1957, y esto sitúa su infancia, adolescencia y juventud en plena dictadura franquista, un periodo en el que se instruía a las mujeres para ser buenas esposas y madres, además de abnegadas y permanentes cuidadoras de personas enfermas, con discapacidad o con dependencia. En todo caso, estas mujeres debían ser sumisas al cabeza de familia –el padre, el esposo, el hijo si eran viudas- lo que las hacía dependientes (también económicamente) y explicaría, en gran medida, un mantenimiento de roles subalternos y su tendencia a la resignación.

Los resultados de nuestra encuesta a las/os profesionales ponen en evidencia la situación de invisibilidad de la violencia de género en mujeres mayores de 65 años en los servicios sociales, en coincidencia con Camarero y Sampedro (2008) quienes afirmaban que esta situación viene determinada por el aislamiento, el estigma y el ambiente social y familiar.

La invisibilidad de estas mujeres es más intensa en el mundo rural. Martínez y Camarero (2015) identificaron una creciente masculinización demográfica en las áreas rurales debido al abandono y emigración de las mujeres, lo que contribuye a la denominada por Bridget (2017) "violencia invisible" sufrida por aquellas mujeres mayores rurales que no emigran (Martínez, 2011), y que necesita, ante todo, ser visibilizada (Flueckiger, 2008; Luoma et al., 2011; Pathak et al., 2019). Para hacer visible este tipo de violencia es necesario generar datos y, además, tener una visión territorial de los mismos: conocer la localización y distribución de los casos, es decir, saber dónde, cuándo y por qué se produce violencia de género en ese lugar y no en otro, con el fin de dirigir campañas de sensibilización y programas de prevención anticipatorios en mayor medida hacia aquellos lugares donde sea más necesario.

En los estudios del gobierno español sobre la violencia de género se afirma que es necesario mapear la violencia de género para poder dirigir los recursos hacia aquellos espacios donde son más necesarios como, por ejemplo, las áreas rurales (Ministerio de Medio Ambiente y Medio Rural y Marino, 2011; Ministerio de Igualdad, 2021). Todo ello deriva en la necesidad de una planificación eficiente desde los servicios sociales, tanto para diseñar programas específicos para localizar lugares de mayor prevalencia de estas situaciones, como para identificación de casos, prevención de estos e intervención cuando se han producido.

En lo que respecta a los/as profesionales, además de precisar de información "fidedigna" sobre la violencia de género en mujeres mayores para intervenir adecuadamente sobre ella, necesitan, a la luz de los resultados de esta investigación, mayor formación y experiencia en estas situaciones. En el III Informe sobre los servicios sociales (Vicente et al., 2019) esta cuestión ya era señalada: un 75,8% de las participantes de aquella investigación afirmaban ser competentes para acreditar la existencia de violencia de género, aunque, a pesar de ello, un 36,5% demandaba "mejor formación" y un 34,5% solicitaba "una especialización con una acreditación específica en "intervención en violencia de género" (p. 74). Por tanto, las/os profesionales que trabajan en servicios sociales de primera línea, donde se ven comúnmente mujeres mayores, deben estar capacitados para identificar y responder a la violencia de género de manera adecuada a su ambiente social y cultural (Celdrán, 2013), lo que evidencia la necesidad de la formación de las/os profesionales.

En cuanto a las limitaciones de la investigación llevada a cabo, hay que mencionar que la muestra es pequeña, si bien suficiente al haber sido focalizada en aquellas/os profesionales con experiencia en la atención a mujeres mayores de 65 años víctimas de violencia de género, podría ampliarse en el futuro. Asimismo, la mayoría de las/os profesionales que han respondido la encuesta son profesionales del Trabajo Social y en menor medida de la Psicología o de la Educación Social. Corresponde hacer nuevas investigaciones que puedan recoger también las valoraciones sobre la violencia de género en mujeres mayores a estos otros profesionales de los servicios sociales y también a aquellos de los servicios de salud (medicina, enfermería, terapia ocupacional, etc.), de la administración, y de la judicatura. Recuérdese que las/os profesionales de los servicios sociales reclaman una mayor coordinación con los servicios de salud para poder identificar casos, considerando que la violencia de género es más fácil de percibir en su caso.

5. CONCLUSIÓN

En definitiva, la violencia de género que sufren las mujeres mayores de 65 años está menos visibilizada en las estadísticas que la sufrida por mujeres jóvenes y adultas. Estas mujeres que no denuncian tampoco acuden a los servicios sociales. Este déficit en los datos oficiales y de invisibilidad de casos no facilita definir políticas sociales de prevención, identificación e intervención sobre la violencia de género. Según los resultados de la encuesta realizada, los servicios sociales no parecen contemplar acciones particulares suficientes en relación con la violencia de género sufrida por mujeres mayores de 65 años, aunque sus profesionales, a partir de su experiencia laboral, sean conscientes de que la violencia de género en ellas se expresa de forma distinta que en mujeres jóvenes y, por ello, requieren de una atención y recursos específicos. En definitiva, las/os profesionales de los servicios sociales reclaman más recursos (en sentido amplio), más apoyo económico, y más formación específica, para una correcta planificación de servicios y programas de atención a las mujeres mayores víctimas de violencia de género.

Los datos avalan que es muy recomendable la toma en consideración de la violencia de género en mujeres mayores de 65 años que, por oculta, no debe ser ignorada en la planificación de los servicios sociales. Es importante y prioritaria asumir que son necesarios unos servicios que se adapten a las necesidades de las mujeres mayores tanto a nivel rural como urbano, y de programas específicos que cuenten con la participación de técnicos especializados en este tipo de violencia en mujeres mayores.

6. AGRADECIMIENTOS/APOYOS

Un sincero agradecimiento a las profesionales de los servicios sociales que contestaron el formulario, así como al Consejo General del Trabajo Social por su colaboración.

7. REFERENCIAS

Álvarez, C., Lameiras-Fernández, M., Holliday, C. N., Sabri, B., y Campbell, J. (2021). Latina and Caribbean Immigrant Women's Experiences with Intimate Partner Violence: A Story of Ambivalent Sexism. *Journal of Interpersonal Violence, 36*(7-8), 3831-3854. https://doi.org/10.1177/0886260518777006

Bourey, C., Williams, W., Bernstein, E. E., y Stephenson, R. (2015). Systematic review of structural interventions for intimate partner violence in low- and middle-income countries: organizing evidence for prevention. *BMC Public Health,* 15, 1165. https://doi.org/10.1186/s12889-015-2460-4

Bows, H. (2018). Sexual violence against older people: a review of the empirical literature. *Trauma, Violence and Abuse, 19*(5), 567-583. https://doi.org/10.1177/1524838016683455

Bows, H., y Westmarland, N. (2017). Rape of older people in the United Kingdom: Challenging the 'real rape' stereotype. *British Journal of Criminology, 57*(1), 1–17. https://doi.org/10.1093/bjc/azv116

Bridget, S. (2017). Tenemos los mismos derechos. ¿Qué dicen las mujeres adultas mayores sobre su derecho a la no discriminación, a la igualdad, a vivir libres de violencia, abuso y negligencia en la vejez? *HelpAge International.* https://www.helpage.org/silo/files/tenemos-los-mismos-derechos.pdf

Brownell, P. (2015). Neglect, abuse and violence against older women: Definitions and research frameworks. *South Eastern European Journal of Public Health (SEEJPH), 1*(1). https://doi.org/10.4119/seejph-1774

Camarero, L., y Sampedro, R. (2008). ¿Por qué se van las mujeres? El continuum de movilidad como hipótesis explicativa de la masculinización rural. *Revista Española de Investigaciones Sociológicas, 124*(1), 73-105. https://doi.org/10.2307/40184907

Carmona-Torres, J.M., López-Soto, P.J., Coimbra-Roca, A.I., Gálvez-Rioja, R.M., Goergen, T., y Rodríguez-Borrego, M.A. (2018). Elder Abuse in a Developing Area in Bolivia. *Journal of Interpersonal Violence, 33*(2), 339–356. https://doi.org/10.1177/0886260515608803.

Celdrán, M. (2013). La violencia hacia la mujer mayor: revisión bibliográfica. *Papeles del Psicólogo, 34*(1), 57-64. https://www.papelesdelpsicologo.es/pdf/2171.pdf

Choi, M., Brownell, P., y Moldovan, S. I. (2017). International movement to promote human rights of older women with a focus on violence and abuse against older women. *International Social Work, 60*(1), 170-181. https://doi.org/10.1177/0020872814559562

Crockett, C., Cooper, B., y Brandl, B. (2018). Intersectional Stigma and Late-Life Intimate-Partner and Sexual Violence: How Social Workers Can Bolster Safety and Healing for Older Survivors, *The British Journal of Social Work, 48*(4), 1000-1013, https://doi.org/10.1093/bjsw/bcy049

De Leeuw, E. (2005). To mix or not to mix data collection modes in surveys. *Journal of Official Statistics*, 21, 233-255. https://www.proquest.com/scholarly-journals/mix-not-data-collection-modes-surveys/docview/1266791766/se-2

Flueckiger, J. (2008). *Older women and domestic violence in Scotland*. University Centre for Research into Families and Relationships, Edinburg, Scotland. https://www.semanticscholar.org/paper/Older-women-and-domestic-violence-in-Scotland-Flueckiger/48bc3d8e3db19c8d933c888c3e496beb9ff7c23f

Hernández, C. (2012). Violencia de Género: "Una cuestión de Educación Social". *Revista de Educación Social*, 14, 1-3. http://www.eduso.net/res/pdf/14/viol_res_14.pdf

Lorente, M.C.P., y Castro, P. (2009). *Violencia de Género en los pequeños municipios del Estado Español*. Ministerio de Sanidad, Política Social e Igualdad. https://violenciagenero.igualdad.gob.es/violenciaEnCifras/estudios/colecciones/pdf/libro6_VG_municipios.pdf

Luoma, M-L., Koivusilta, M., Lang, G., Enzenhofer, E., De Donder, L., Verté, D., Reingardé, J., Ferreira-Alves, J., Jioao, A., y Penhale, B. (2011). *Prevalence study of abuse and violence against older women. Results of a multi-cultural survey in Austria, Belgium, Finland, Lithuania, and Portugal (European Report of the AVOW Project)*. National Institute for Health and Welfare (THL). https://doi.org/10.13140/RG.2.1.4646.4166

Martínez, M. A. (2011). *¿Adónde puedo ir yo?: Violencia de Género en las áreas rurales de Asturias* (Tesis doctoral). UNED, España. http://e-spacio.uned.es/fez/eserv.php?pid=tesisuned:CiencPolSoc-Mamartinez&dsID=Documento.pdf

Martínez, M. A., y Camarero, L. A. (2015). La reproducción de la Violencia de Género: una lectura desde las áreas rurales. *Ager. Revista de Estudios sobre Despoblación y Desarrollo Rural*, 19, 1-30. https://doi.org/10.4422/ager.2015.12

Meneses, M. C., Charro, B., Rúa, A., y Uroz, J. (2018). *La violencia de género en la pareja o en la expareja de mujeres mayores de 60 años*. Universidad Pontificia Comillas ICAI-ICADE y Fundación Luz Casanova. https://proyectosluz-casanova.org/wp-content/uploads/2020/09/investigacionComillas-1.pdf

Ministerio de Igualdad. (2020). *Macroencuesta de violencia contra la mujer 2019*. Madrid: Subdirección General de Sensibilización. https://violenciagenero.igualdad.gob.es/violenciaEnCifras/macroencuesta2015/Macroencuesta2019/home.htm

Ministerio de Igualdad. (2021). *Mujeres víctimas de violencia de género en el mundo rural.* Delegación del Gobierno contra la Violencia de Género. https://violenciagenero.igualdad.gob.es/violenciaEnCifras/estudios/investigaciones/2020/pdfs/vg__mundorural.pdf

Ministerio de la Presidencia, Relaciones con las Cortes e Igualdad. (2019). *Estudio sobre las mujeres mayores de 65 años víctimas de violencia de género.* Ministerio de la Presidencia, Relaciones con las Cortes e Igualdad. https://violenciagenero.igualdad.gob.es/violenciaEnCifras/estudios/investigaciones/2019/estudio/Estudio_VG_Mayores_65.htm

Ministerio de Medio Ambiente y Medio Rural y Marino. (2011). *Diagnóstico de la Igualdad de Género en el Medio Rural.* https://www.mapa.gob.es/es/desarrollo-rural/temas/igualdad_genero_y_des_sostenible/DIAGN%C3%93STICO%20COMPLETO%20BAJA_tcm30-101391.pdf

Muster, C. L. (2021). The Silenced Voices of Hidden Survivors: Addressing Intimate Partner Violence among Women with Disabilities through a Combined Theoretical Approach. *Affilia, 36*(2), 156-166. https://doi.org/10.1177/0886109920944555

Pathak, N., Dhairyawan, R., y Tariq, S. (2019). The experience of intimate partner violence among older women: A narrative review. *Maturitas,* 121, 63-75. https://doi.org/10.1016/j.maturitas.2018.12.011

Risco, C., Paniagua, M. C., Jiménez, G., Poblador, M. D., Molina, L., y Buitrago, F. (2005). Prevalence and risk factors of suspected abuse in the elderly population. *Medicina Clínica, 125*(2), 51-55. https://doi.org/10.1157/13076463

Shirin, H. (2016). Sexuality and older people: a neglected issue. *Reproductive Health Matters, 24*(48), 1-5. https://doi.org/10.1016/j.rhm.2016.11.011

Vicente, E., Arredondo, R., y Rodríguez, C. (2019) (Coords.). III Informe sobre los *Servicios sociales en España* (ISSE III). Consejo General del Trabajo Social. https://www.cgtrabajosocial.es/files/5de783c0056f8/ISSE_III_WEB.pdf

World Health Organization [WHO]. (2013). *Global and regional estimates of violence against women: Prevalence and health effects of intimate partner violence and non-partner sexual violence.* World Health Organization. http://www.who.int/reproductivehealth/publications/violence/9789241564625/en/

Capítulo 10

Factores psicosociales de la violencia de género: el papel de la personalidad oscura y la desconexión moral

LAURA SAMPEDRO FERREIRÓS
Universidade de Vigo
MIGUEL CLEMENTE DIAZ
Universidad de A Coruña

1. INTRODUCCIÓN

La violencia de género se mantiene como una de las problemáticas más alarmantes y persistentes en las sociedades contemporáneas. Tradicionalmente se ha explicado desde una perspectiva estructural, que enfatiza las desigualdades de género, y cultural, que analiza la reproducción de estereotipos sexistas. Definida como cualquier acto de violencia que resulta en daño físico, sexual o psicológico hacia una persona basado en su género, afecta desproporcionadamente a mujeres y niñas en todo el mundo. La Organización Mundial de la Salud (OMS) ha señalado que una de cada tres mujeres ha sufrido violencia física o sexual por parte de su pareja o ex pareja en algún momento de su vida (Henry & Powell, 2018; McGlynn et al., 2017).

Sin embargo, los enfoques más recientes destacan también la importancia de variables psicológicas individuales para comprender por qué ciertos individuos desarrollan conductas violentas dentro de la pareja. Una de estas aproximaciones es el análisis de los rasgos de personalidad oscura y su relación con la violencia interpersonal, especialmente en contextos de pareja. Además, se ha evidenciado que los mecanismos de desconexión moral pueden facilitar y justificar tales comportamientos. En este marco, los rasgos de la llamada "personalidad oscura" y los mecanismos de desconexión moral emergen como constructos clave para analizar la violencia de género desde una perspectiva integradora (Bandura et al., 1996; Jones et al., 2015; Paulhus & Williams, 2002).

Este capítulo se basa en la hipótesis de que ciertos rasgos de personalidad, conocidos como la Tétrada Oscura —narcisismo subclínico, maquiavelismo, psicopatía subclínica y sadismo cotidiano—, junto con mecanismos psicológicos como la desconexión moral, facilitan, justifican y mantienen conductas violentas dentro de las relaciones de pareja. El modelo de desconexión moral propuesto por Bandura (1986) se articula junto con los estudios recientes sobre la Tétrada Oscura de la personalidad para ofrecer un marco explicativo que ayude a comprender los procesos que subyacen a la violencia de género. Asimismo, se presentan evidencias empíricas recientes que consolidan esta línea teórica y se exponen propuestas concretas para la prevención desde los ámbitos educativo y jurídico (Clemente et al., 2019; Ferreiros y Clemente, 2023)

Este enfoque no pretende sustituir otros análisis estructurales, sino complementarlos, subrayando la importancia de los factores individuales en la expresión de la violencia. A través del análisis detallado de literatura reciente y la integración de estudios empíricos actualizados, se pretende aportar una visión integradora que no solo describa los factores de riesgo individuales, sino que proponga líneas de prevención e intervención ajustadas a los nuevos contextos sociales y tecnológicos (Clancy et al., 2019; Clemente y Espinosa, 2021).

2. PERSONALIDAD OSCURA Y VIOLENCIA

2.1. La tétrada oscura de la personalidad

La Tétrada Oscura de la personalidad incluye el narcisismo subclínico, maquiavelismo, psicopatía subclínica y sadismo cotidiano. Paulhus y Williams (2002) crearon inicialmente el concepto de la Tríada Oscura, compuesta por los tres primeros rasgos. Posteriormente, Buckels et. (2013) propusieron la inclusión del sadismo para formar la Tétrada. Estos rasgos, aunque distintos, comparten una tendencia hacia la manipulación, la falta de empatía y la explotación interpersonal (Buckels et al., 2013; Paulhus y Williams, 2002). El narcisismo se caracteriza por grandiosidad, necesidad de admiración y falta de empatía. El maquiavelismo implica cinismo, manipulación estratégica y frialdad emocional. La psicopatía se manifiesta en impulsividad, falta de remordimiento y comportamiento antisocial. Por último, el sadismo describe el placer derivado de infligir sufrimiento a otros.

Diversas investigaciones han demostrado que estos rasgos están asociados a comportamientos antisociales y, particularmente, a la violencia en contextos íntimos (Ferreiros y Clemente, 2023; Jones & Paulhus, 2014)

Frente a esta visión de la personalidad oscura, que pretende medir por separado sus dimensiones, y que representa la perspectiva norteamericana de la investigación, desde Europa se generó otra visión del tema, a partir del artículo de Moshagen et al. (2018). Estos autores parten de que, puesto que muchos componentes de la personalidad denominados oscuros se manifiestan de manera concomitante, es más adecuado referirse a la existencia de un "factor oscuro" o "D", que implicaría la manifestación sobre todo de 9 facetas: egoísmo, maquiavelismo, desapego moral, narcisismo, derecho psicológico (creencia recurrente de que uno es mejor que los demás y merece un mejor trato), psicopatía, sadismo, interés propio (deseo de promover y destacar el propio estatus social y financiero) y rencor (destructividad y disposición a causar daño a otros, incluso si uno se daña a sí mismo en el proceso).

Algunas investigaciones han demostrado que el denominado Factor D es estable independientemente de la edad y el sexo (Hartung et al., 2021), Algo similar se demuestra en el trabajo de Navas et al. (2020), verificando cómo la personalidad oscura incluye la desconexión moral, y está directa e intensamente relacionada con conductas antisociales.

No es nuestra intención profundizar en dichas visiones, y hemos optado por la perspectiva más clásica, identificando la personalidad oscura con los cuatro componentes identificados por Paulhus, et al. (2020). Las personas que poseen rasgos de la Tétrada Oscura tienden a ser violentas en sus relaciones interpersonales, y las relaciones de pareja son uno de los principales ámbitos donde pueden ejercer esa violencia. Diversos estudios han vinculado estos rasgos con comportamientos antisociales, como el acoso, la manipulación emocional y la agresión física en contextos íntimos (Ferreiros y Clemente, 2023). La expresión concreta de la violencia puede variar en función del rasgo dominante. Por ejemplo, los perfiles maquiavélicos tienden al control y la instrumentalización de la pareja, mientras que los psicopáticos muestran mayor propensión a la agresión impulsiva (Clemente y Espinosa, 2021).

Para su evaluación, se han desarrollado diversos instrumentos. Paulhus y Williams (2002) propusieron escalas específicas para los tres primeros rasgos, y más recientemente, Jones y Paulhus (2014) diseñaron el SD3 (Short Dark Triad), una escala breve para evaluar la Tríada Oscura y medir estos rasgos (excepto el sadismo), validada en múltiples contextos y fiable para su medición. Carton y Egan (2017) aplicaron estas medidas al estudio de la violencia íntima, evidenciando su poder predictivo para comportamientos abusivos en relaciones afectivas, como lo son conductas de manipulación y agresividad. Hasta la fecha, la principal escala utilizada mide los cuatro rasgos, denominándose SD-4, y está compuesta por 28 ítems (Paulhus et al., 2020).

También se desarrollaron instrumentos para su utilización en contextos judiciales específicamente, como los utilizados por Clemente et al. (2020) para la detección de manipuladores en procesos de custodia.

2.2. Personalidad oscura y violencia de género

La literatura empírica respalda la asociación entre los rasgos oscuros de personalidad y la violencia contra la pareja. Individuos con altos niveles de estos rasgos presentan actitudes sexistas, tendencia a justificar la violencia y menor capacidad empática hacia la víctima (Clemente et al., 2021). Estas disposiciones pueden interactuar con factores contextuales como el consumo de sustancias, antecedentes de violencia familiar o relaciones disfuncionales, aumentando la probabilidad de conductas abusivas.

Numerosos estudios han demostrado que estos rasgos están significativamente asociados con la propensión a ejercer violencia en relaciones de pareja. Ferreiros y Clemente (2022) hallaron que jóvenes con altos niveles de narcisismo y psicopatía mostraban comportamientos controladores y agresivos hacia sus parejas. Asimismo, Clemente y Espinosa (2021) encontraron que la búsqueda de venganza está estrechamente relacionada con estos rasgos.

Los individuos con altos niveles de estos rasgos son más propensos a ejercer control, manipulación y violencia en las relaciones de pareja (Ferreiros y Clemente, 2022). Estos rasgos inhiben la empatía y refuerzan la objetivación del otro, facilitando comportamientos agresivos (Clemente & Espinosa, 2021). Carton y Egan (2017) confirmaron que la personalidad oscura predice la manifestación de violencia íntima, tanto física como psicológica.

Gómez et al. (2021) identificaron un perfil psicopático predominante entre reclusos condenados por violencia de género. Clemente y Espinosa (2021) explicaron cómo la búsqueda de venganza y el deseo de dominio, típicos del maquiavelismo y el narcisismo, facilitan la escalada de conflictos en las relaciones íntimas. Estas conductas se perpetúan también en conflictos por la custodia de los hijos, como señalan Clemente et al. (2019), donde la desconexión moral y los rasgos oscuros juegan un papel central, y se observa cómo estos rasgos influyen directamente en la aparición de conductas poco éticas en estos contextos legales, llegando a la instrumentalización de los hijos durante disputas de custodia.

Clemente et al. (2020) desarrollaron una escala para detectar manipuladores judiciales en contextos de custodia, evidenciando que los rasgos oscuros favorecen la utilización estratégica de los procesos judiciales. La violencia se perpetúa mediante estrategias de dominación emocional, económica y física.

3. LA DESCONEXIÓN MORAL COMO MECANISMO JUSTIFICATIVO

3.1. Mecanismos de desconexión moral

Bandura (1986) propuso el término desconexión moral. Este concepto hace referencia a un esquema psicológico mediante el cual las autorizaciones morales se pueden desconectar de aquellas conductas que resultarían perjudiciales, convirtiendo en la mente del agresor los actos dañinos en aceptables, y permitiendo llevar a cabo conductas inmorales y antisociales (Caprara et al., 2014).

En 1996, Bandura et al., proponen 8 mecanismos a través de los cuales poder comprobar el grado de desconexión moral (Bandura et al., 1996; Rubio-Garay et al., 2019) Estos mecanismos son: la justificación moral (redefinir una conducta negativa como necesaria), el lenguaje eufemístico (minimizar el daño mediante expresiones suaves), la difusión de la responsabilidad, la deshumanización de la víctima y la atribución de culpa (Bandura et al., 1996).

Estos procesos permiten que personas con niveles positivos de rasgos oscuros mantengan una autoimagen positiva, pese a incurrir en conductas violentas (Clemente et al., 2019). Además, la desconexión moral está directamente relacionada con los comportamientos agresivos y violentos (Espejo-Siles et al., 2020). Existe una relación positiva entre la desconexión moral y cometer una agresión, principalmente en los hombres (Rubio-Garay et al., 2019). En el ámbito de las relaciones de pareja, estos mecanismos pueden facilitar la repetición de conductas abusivas al neutralizar las barreras morales internas del agresor (Clemente et al., 2019) y racionalizar actos agresivos como reacciones justificadas o necesarias.

3.2. Relación entre desconexión moral y violencia de género

Las personas que muestran una alta desconexión moral tienden a ser personas irritables, más propensas a la venganza, a ejercer violencia física y verbal y a meterse en conflictos. Estos mecanismos han sido ampliamente documentados en contextos de violencia de género. Rubio-Garay et al. (2019) analizaron cómo estos mecanismos se aplican en las relaciones entre adolescentes, facilitando la violencia sin generar culpa en los agresores. La combinación de personalidad oscura y desconexión moral potencian la activación de dichos mecanismos y predicen la agresión en las relaciones de pareja (Ferreiros & Clemente, 2023). Espejo-Siles et al. (2020) añadieron que la falta de empatía y competencias emocionales refuerzan esta tendencia.

Clemente et al. (2019) analizaron la desconexión moral en disputas de custodia, encontrando que los agresores justificaban conductas inmorales contra sus exparejas, mediante estos mecanismos de desconexión moral.

Martínez-Bacaicoa et al. (2024) analizaron cómo el sexismo y el género modulan la desconexión moral en agresores digitales, y Flynn et al. (2023) describieron el impacto de la culpabilización de las víctimas como forma de justificación social de la violencia.

4. EVIDENCIA CIENTÍFICA RECIENTE

4.1. Estudios actuales sobre personalidad oscura y violencia en la pareja

En los últimos años, múltiples estudios han confirmado el valor predictivo de los rasgos oscuros respecto a la violencia en relaciones íntimas. Fernández Suárez et al. (2018) realizaron una revisión sistemática que identifica los rasgos psicopáticos como predictores consistentes de conductas violentas en la pareja. Por su parte, Baskin-Sommers y Baskin (2016) demostraron que la exposición a violencia en la infancia, junto con rasgos psicopáticos, incrementa el riesgo de manifestar conductas delictivas en la adolescencia, y aumenta la probabilidad de que dichos niños se conviertan en el futuro en agresores.

Clemente y Espinosa (2021) encontraron una fuerte correlación entre deseos de venganza, agresión de pareja y niveles elevados de maquiavelismo y psicopatía y, estudios posteriores de Ferreiros y Clemente (2023), ampliaron estas observaciones al ámbito de las relaciones sentimentales entre los jóvenes, mostrando cómo la combinación de psicopatía y narcisismo incrementa la agresión directa e instrumental.

Smoker y March (2017) analizaron el papel del género y la tétrada oscura de la personalidad en la predicción del ciberacoso íntimo, e indicaron que el sadismo y el maquiavelismo predicen esta tendencia. Moor y Anderson (2019) llevaron a cabo una revisión sobre el impacto de los rasgos oscuros en conductas antisociales online, encontrando una asociación clara con el uso abusivo de tecnología en contextos íntimos. Estas formas de violencia representan una extensión digital del abuso tradicional y exigen un abordaje específico.

4.2. Nuevas formas de violencia: tecnología y violencia digital

La expansión y normalización del uso de tecnologías de la información y la comunicación ha transformado profundamente las relaciones sociales y afectivas, especialmente entre adolescentes y jóvenes. Esta digitalización ha introducido nuevas formas de violencia que, aunque pueden surgir en el contexto de las relaciones de pareja, también afectan a otros vínculos sociales. Entre estas formas se encuentran el cibercontrol, la vigilancia digital, el sexting coercitivo y, especialmente, la difusión no consentida de imágenes íntimas (Henry y Powell, 2018; McGlynn, et al., 2017).

Estas prácticas están directamente relacionadas con determinados perfiles psicológicos, concretamente con los conocidos como rasgos oscuros de la personalidad. Smoker y March (2017) demostraron cómo estos rasgos predicen comportamientos de ciberacoso, y Pineda et al. (2023) ampliaron estos hallazgos al relacionarlos también con la victimización sexual online. Además, los mismos autores señalan que las personas con estos rasgos tienden a disfrutar del sufrimiento ajeno incluso a través de medios digitales, lo que se relaciona con el sadismo.

Este tipo de violencia digital se sostiene, además, sobre mecanismos de desconexión moral, que permiten a los agresores justificar sus actos y evitar sentimientos de culpa. Martínez-Bacaicoa et al. (2024) han profundizado en cómo el género y el sexismo influyen en dichos mecanismos, revelando que estas justificaciones están estrechamente ligadas a actitudes discriminatorias y estructuras patriarcales. En la misma línea, Flynn et al. (2023) subrayan cómo el discurso social tiende a culpabilizar a las víctimas en los casos de abuso sexual basado en imágenes, reforzando así esa desconexión moral del agresor.

En este contexto, el concepto de violencia sexual facilitada por la tecnología, propuesto por Henry y Powell (2018), adquiere especial relevancia, ya que implica dinámicas de coerción, control y humillación mediante herramientas digitales. Esta violencia no se limita a conductas extremas, sino que se inscribe en un continuo (McGlynn et al., 2017) que abarca desde microagresiones hasta formas severas de abuso, como la pornografía no consensuada.

Una de las manifestaciones más graves de esta violencia digital es el abuso sexual basado en imágenes (McGlynn y Rackley, 2017), que incluye la difusión no consentida de imágenes íntimas, frecuentemente obtenidas a través de sexting coercitivo y el acoso sexual basado en imágenes (Powell & Henry, 2017), que conlleva a la presión sobre el envío de contenido sexual no deseado y recibir imágenes de contenido sexual no deseadas. Este tipo de violencia no solo invade la intimidad de las víctimas, sino que también tiene un efecto devastador sobre su salud emocional y su reputación social (Martínez-Román et al., 2025).

Este fenómeno se ve agravado por la existencia de una cultura de la imagen donde lo visual adquiere un poder simbólico extremo. La exposición pública de cuerpos sin consentimiento convierte la sexualidad en un instrumento de humillación y control. Además, Flynn et al. (2023) señalan que la culpabilización de las víctimas no solo es frecuente, sino que se presenta como una estrategia que refuerza la impunidad del agresor. Al responsabilizar a la persona afectada por haber compartido inicialmente una imagen o por su comportamiento en redes sociales, se legitima la agresión y se invisibiliza su carácter violento.

El impacto psicológico de este tipo de violencia es grande Martínez-Román et al. (2025) documentan cómo las adolescentes víctimas de difusión no consentida de imágenes íntimas experimentan ansiedad, vergüenza, aislamiento social, autolesiones y una importante disminución de su autoestima. Estos efectos se insertan en un contexto donde el control sobre el cuerpo ajeno se valida culturalmente, perpetuando una violencia simbólica y estructural que afecta de forma diferenciada según el género.

Además, los estudios muestran que la normalización de estas conductas se da incluso entre los propios jóvenes. Clancy et al. (2019) y Sparks et al. (2023) encontraron una elevada presencia de rasgos oscuros entre quienes ejercen sexting coercitivo o difunden imágenes íntimas sin consentimiento. Ambos estudios confirman la existencia de una superposición entre víctimas y perpetradores, lo cual refuerza la idea de una cultura de agresión interiorizada. En este sentido, Barrense-Dias et al. (2020) identificaron que muchos jóvenes justifican estas conductas a través de racionalizaciones similares a la desconexión moral, incluyendo la culpabilización de la víctima como una forma de validar el reenvío no consensuado de imágenes.

Por otra parte, la construcción de la sexualidad entre adolescentes también se ve atravesada por esta lógica de violencia simbólica. Navarro-Mantas y Sáez-Lumbreras (2025) han señalado que la objetivación sexual se sitúa como eje central de la violencia digital juvenil, influida por el sadismo y la falta de empatía. Además, advierten del impacto de la pornografía en la configuración de las relaciones afectivas, ya que refuerza roles de dominio y sumisión.

El género, por tanto, no solo determina el tipo de violencia que se sufre, sino también la manera en que se experimenta y se responde a ella. Ringrose y Regehr (2023) muestran cómo las adolescentes están especialmente expuestas a la vigilancia y a la hipersexualización en redes sociales, y denuncian la insuficiencia de las respuestas institucionales ante estas situaciones.

En definitiva, estas formas de violencia digital no pueden entenderse únicamente como una consecuencia del progreso tecnológico. Más bien, deben interpretarse como manifestaciones contemporáneas de un sistema de desigualdad de género sostenido por estructuras culturales, psicológicas y sociales (Flynn et al., 2023; Martínez-Bacaicoa et al., 2024).

Frente a esta realidad, se hace imprescindible la integración de enfoques educativos, éticos y psicológicos que permitan abordar el problema de forma integral. Solo a través de la prevención, la sensibilización y una acción institucional firme, será posible construir una ciudadanía digital más justa, empática y respetuosa.

5. ESTRATEGIAS DE PREVENCIÓN DE VIOLENCIA DE GÉNERO

5.1. Intervenciones educativas y jurídicas orientadas a la prevención

La prevención de la violencia de género, particularmente en su expresión digital y simbólica, exige una intervención integral que combine acciones en los ámbitos educativo, jurídico y social. La creciente presencia de fenómenos como el acoso y el abuso sexual basado en imágenes y otras formas de agresión no física en entornos tecnológicos, requiere respuestas que aborden tanto los factores individuales como las estructuras sociales que las perpetúan (Lameiras-Fernández et al., 2021).

La evidencia muestra que los programas de educación sexual basados en igualdad, pensamiento crítico y gestión emocional tienen una mayor eficacia a largo plazo en la prevención de conductas violentas (Lameiras-Fernández et al., 2021). Estos enfoques permiten contrarrestar la normalización de la violencia en redes sociales y la influencia de la pornografía en la construcción de relaciones afectivas (Navarro-Mantas y Sáez-Lumbreras, 2025).

En este sentido, también es esencial incorporar contenidos específicos sobre relaciones afectivas saludables, acoso y abuso sexual, uso responsable de la tecnología y violencia digital. Alonso-Ruido et al. (2024) han propuesto estrategias efectivas para intervenir en el uso problemático del móvil en parejas adolescentes, integrando competencias digitales y análisis de género. A su vez, Ringrose y Regehr (2023) destacan la importancia de capacitar al personal educativo en perspectiva de género y en las formas tecnológicas de violencia, dado que el género condiciona profundamente la experiencia y la vulnerabilidad ante este tipo de agresiones en entornos escolares.

En el plano jurídico, la prevención requiere una profunda sensibilización y formación del sistema judicial. Jueces, fiscales y profesionales del derecho deben comprender los mecanismos psicológicos que subyacen a la violencia no física, como la manipulación emocional, el control coercitivo y los rasgos oscuros de la personalidad (Clemente et al., 2021). Esta comprensión es especialmente relevante en casos de violencia digital, custodia de menores o manipulación judicial, donde los signos de violencia pueden ser sutiles, pero igualmente destructivos.

McGlynn et al. (2017) abogan por una reforma legal que contemple el continuo de violencia digital, incluyendo todas las formas de acoso y abuso sexual basado en imágenes, desde microagresiones hasta la pornografía no consensuada. Asimismo, recomiendan adaptar los marcos normativos a las nuevas realidades tecnológicas, una propuesta respaldada por diversas investigaciones que reconocen el carácter estructural de este tipo de violencia.

Otro aspecto clave en la prevención es la detección precoz de factores de riesgo. Plouffe et al. (2022) han demostrado que la exposición infantil a violencia en la pareja puede aumentar significativamente la probabilidad de desarrollar rasgos oscuros en la adultez, lo que incrementa el riesgo de convertirse en agresores. Por ello, es necesario implementar programas de intervención temprana en contextos escolares y familiares, involucrando a psicólogos, educadores, trabajadores sociales y profesionales de la salud.

La prevención de la violencia de género, especialmente aquella facilitada por las tecnologías y reforzada por la desconexión moral y los rasgos oscuros de personalidad, requiere una acción coordinada entre el sistema educativo, la justicia y las políticas públicas. Solo un enfoque interdisciplinar que conecte la evidencia científica con la práctica institucional podrá ofrecer respuestas efectivas y sostenibles a una problemática tan compleja como urgente de actuar.

6. CONCLUSIONES

El análisis de la violencia de género desde la perspectiva de la personalidad oscura y la desconexión moral permite ampliar el enfoque tradicional, al incorporar dimensiones psicológicas individuales que explican por qué ciertos individuos ejercen violencia de forma fría y planificada. Este enfoque no niega las causas sociales o estructurales, sino que las complementa al incorporar factores individuales que influyen directamente en el comportamiento agresivo y en la justificación del daño sin sentirse culpables.

Estos rasgos ayudan a explicar por qué ciertas personas usan la violencia como una forma de control o castigo, ya sea en relaciones de pareja o en contextos más amplios. La desconexión moral actúa como un mecanismo clave que facilita estos comportamientos al reducir la culpa y permitir la autovalidación del agresor.

Además, la irrupción de las tecnologías ha dado lugar a nuevas formas de violencia, menos visibles, pero igualmente dañinas, que requieren estrategias específicas de prevención e intervención. El entorno digital se ha convertido en un espacio donde se reproducen y amplifican las dinámicas de control y agresión, especialmente entre los más jóvenes.

Los datos muestran la necesidad de implementar estrategias preventivas que comiencen en edades tempranas, integrando la educación emocional, la educación en igualdad de género y el uso crítico y responsable de las tecnologías. También se plantea la urgencia de formar a profesionales del ámbito jurídico y educativo en la detección de estas formas de violencia no físicas, pero estructuralmente nocivas.

Una respuesta efectiva ante la violencia de género debe incorporar tanto los factores estructurales como los psicológicos. Solo mediante un enfoque integrado, informado y articulado desde múltiples disciplinas, será posible avanzar hacia relaciones afectivas basadas en el respeto, la autonomía y libres de violencia.

7. REFERENCIAS

Alonso-Ruido, P., Rodríguez-Castro, Y., Martínez-Román, R., & Lameiras-Fernández, M. (2024). Las violencias digitales y el uso del móvil en parejas adolescentes: nuevos retos de intervención educativa. *Aloma: Revista de Psicologia, Ciències de l'Educació i de l'Esport, 42*(1), 49-57.

Bandura, A., Barbaranelli, C., Caprara, G. V., & Pastorelli, C. (1996). Mechanisms of moral disengagement in the exercise of moral agency. *Journal of Personality and Social Psychology, 71*(2), 364-374.

Barrense-Dias, Y., Akre, C., Auderset, D., Leeners, B., Morselli, D., & Surís, J. C. (2020). Non-consensual sexting: Characteristics and motives of youths who share received-intimate content without consent. *Sexual health, 17*(3), 270-278.

Baskin-Sommers, A. R., & Baskin, D. (2016). Psychopathic traits mediate the relationship between exposure to violence and violent juvenile offending. *Journal of Psychopathology and Behavioral Assessment, 38*, 341-349.

Buckels, E. E., Jones, D. N., & Paulhus, D. L. (2013). Behavioral confirmation of everyday sadism. *Psychological science, 24*(11), 2201-2209.

Caprara, G. V., Tisak, M. S., Alessandri, G., Fontaine, R. G., Fida, R., & Paciello, M. (2014). The contribution of moral disengagement in mediating individual tendencies toward aggression and violence. *Developmental Psychology, 50*(1), 71–85.

Carton, H., & Egan, V. (2017). The dark triad and intimate partner violence. *Personality and Individual Differences, 105*, 84-88.

Clancy, E. M., Klettke, B., & Hallford, D. J. (2019). The dark side of sexting–Factors predicting the dissemination of sexts. *Computers in Human Behavior, 92*, 266-272.

Clemente, M., & Espinosa, P. (2021). Revenge in couple relationships and their relation to the dark triad. *International Journal of Environmental Research and Public Health, 18*(14), 7653.

Clemente, M., Espinosa, P., & Padilla, D. (2019). Moral disengagement and willingness to behave unethically against ex-partner in a child custody dispute. *PloS One, 14*(3), e0213662.

Clemente, M., Padilla-Racero, D., & Espinosa, P. (2020). The dark triad and the detection of parental judicial manipulators. Development of a judicial manipulation scale. *International Journal of Environmental Research and Public Health, 17*(8), 2843.

Espejo-Siles, R., Zych, I., Farrington, D. P., & Llorent, V. J. (2020). Moral disengagement, victimization, empathy, social and emotional competencies as predictors of violence in children and adolescents. *Children and Youth Services Review, 118*, 105337.

Fernández Suárez, A., Pérez, B., Herrero Olaizola, J. B., Juarros Basterretxea, J., & Rodríguez Díaz, F. J. (2018). The role of psychopathic traits among intimate partner-violent men: A systematic review. *Revista Iberoamericana de Psicología y Salud.*

Ferreiros, L., & Clemente, M. (2022). Dark personality and intimate partner relationships in young adults. *Acta psychologica, 225*, 103549.

Ferreiros, L., & Clemente, M. (2023). Detection of intimate partner aggression through dark personality and moral disengagement. *Cadernos de Saúde Pública, 39*(9), e00073523.

Flynn, A., Cama, E., Powell, A., & Scott, A. J. (2023). Victim-blaming and image-based sexual abuse. Journal of Criminology, 56(1), 7-25.

Gomez, J., Ortega, R., Clemente, M., & Casas, J.A. (2021). Intimate partner aggression committed by prison inmates with psychopathic profile. International *Journal of Environmental Research and Public Health, 18*(10), 5141.

Hartung, J., Bader, M., Moshagen, M., & Wilhelm, O. (2021). Age and Gender Differences in Socially Aversive ("Dark") Personality Traits. *European Journal of Personality*.

Henry, N., & Powell, A. (2018). Technology-facilitated sexual violence: A literature review of empirical research. *Trauma, Violence, & Abuse, 19*(2), 195-208.

Jones, D. N., & Neria, A. L. (2015). The Dark Triad and dispositional aggression. *Personality and Individual Differences, 86*, 360-364.

Jones, D. N., & Paulhus, D. L. (2014). Introducing the short dark triad (SD3): A brief measure of dark personality traits. *Assessment, 21*(1), 28-41.

Lameiras-Fernández, M., Martínez-Román, R., Carrera-Fernández, M. V., & Rodríguez-Castro, Y. (2021). Sex education in the spotlight: What is working? Systematic review. *International Journal of Environmental Research and Public Health, 18*(5), 2555.

Martínez Román, R., Lameiras Fernández, M., Adá Lameiras, A., & Rodríguez Castro, Y. (2025). Analysis of Image-Based Sexual Harassment and Abuse in Adolescents' Socio-Affective Relationships. *Journal of Interpersonal Violence, 08862605251315767*.

Martínez-Bacaicoa, J., Real-Brioso, N., Mateos-Pérez, E., & Gámez-Guadix, M. (2024). The role of gender and sexism in the moral disengagement mechanisms of technology-facilitated sexual violence. *Computers in Human Behavior, 152*, 108060.

McGlynn, C., Rackley, E., & Houghton, R. (2017). Beyond 'revenge porn': The continuum of image-based sexual abuse. *Feminist Legal Studies, 25*, 25-46.

Moor, L., & Anderson, J. R. (2019). A systematic literature review of the relationship between dark personality traits and antisocial online behaviours. *Personality and Individual Differences, 144*, 40-55.

Moshagen, M., Hilbig, B. E., & Zettler, I. (2018). The dark core of personality. *Psychological Review, 125*(5), 656–688.

Navarro-Mantas, L., & Sáez-Lumbreras, A. (2025). Sexuality Construction, Pornography, and Gender Violence: A Qualitative Study with Spanish *Adolescents. Sexuality & Culture*, 1-49.

Navas, M. P., Férriz, L., Cutrín, O., Maneiro, L., Gómez-Fraguela, X. A., & Sobral, J. (2020). Cogniciones en el lado oscuro: Desconexión moral, tríada oscura y conducta antisocial en adolescentes. *Revista Latinoamericana de Psicología, 52*, 131-140.

Paulhus, D. L., Buckels, E. E., Trapnell, P. D., & Jones, D. N. (2021). Screening for dark personalities: The Short Dark Tetrad (SD4). *European Journal of Psychological Assessment, 37*(3), 208–222.

Paulhus, D. L., & Williams, K. M. (2002). The Dark Triad of personality: Narcissism, Machiavellianism, and psychopathy. *Journal of Research in Personality, 36(*6), 556–563.

Pineda, D., Martínez-Martínez, A., Galán, M., Rico-Bordera, P., & Piqueras, J. A. (2023). The Dark Tetrad and online sexual victimization: Enjoying in the distance. *Computers in Human Behavior, 142,* 107659.

Plouffe, R. A., Wilson, C. A., & Saklofske, D. H. (2022). Examining the relationships between childhood exposure to intimate partner violence, the dark tetrad of personality, and violence perpetration in adulthood. *Journal of Interpersonal Violence, 37*(5-6), NP3449-NP3473.

Powell, A., & Henry, N. (2017). Online misogyny, harassment and hate crimes. In Sexual violence in a digital age *Palgrave Macmillan,* (153–193).

Ringrose, J., & Regehr, K. (2023). Recognizing and addressing how gender shapes young people's experiences of image-based sexual harassment and abuse in educational settings. *Journal of Social Issues, 79*(4), 1251-1281.

Rubio-Garay, F., Carrasco, M. A., & García-Rodríguez, B. (2019). Moral disengagement and violence in adolescent and young dating relationship: An exploratory study. *Revista Argentina de Clínica Psicológica, 28*(1), 22-31.

Smoker, M., & March, E. (2017). Predicting perpetration of intimate partner cyberstalking: Gender and the Dark Tetrad. *Computers in Human Behavior, 72,* 390-396.

Sparks, B., Stephens, S., & Trendell, S. (2023). Image-based sexual abuse: Victim-perpetrator overlap and risk-related correlates of coerced sexting, non-consensual dissemination of intimate images, and cyberflashing. *Computers in Human Behavior, 148,* 107879.